U0146736

中国历史文化小丛书

冯尔康 主编

众生百态：
清代刑科题本里的
"打工人"

常建华 著

中国工人出版社

用贴近大众生活的故事与读者交流

"中国历史文化小丛书"总序

民众是历史的参与者，是形成历史的一股重要力量。中国是历史学发达的国度，但是在古代民众对历史却没有知情权，历史知识只是从演义、戏曲、口耳相传中获得些许，而且是真假参半的。到了20世纪，史学家才致力于大众历史读物的写作，最引人瞩目的是吴晗倡导的"中国历史小丛书"问世，形成风气，学者、出版家努力将历史故事及其内含的中华文化，以各种丛书的名义，简明扼要地呈现给大众读者。就以笔者而言，应多家出版社之约，写作多种小册子，被收入中华书局"中国历史小丛书"，中国青年出版社"中华文化集萃丛书"，中国人民大学出版社"清史知识丛书"，天津教育出版社"名家文化讲堂"，商务印书馆国际有限公司"中国古代生活丛书"，新蕾出版社"百家姓书系"，广东人民出版社、华夏出版社"历史爱好者丛书"，社会科学文献出版社"中国史话"。我之写历史通俗读物，乐此不疲，就是为把历史知识交给历史的主人——民众。如今中国工人出版社邀我主编"中国历史文化小丛书"，深感荣幸，喜悦接受。

读者见到本丛书名称"中国历史文化"，就会想到"中国历史文化博大精深"，这是国人的共识。博大，是指文化包含社会制度、生活各个方面和思想各种领域。精深，是指认识人类社会透彻，规范做人道德和社会伦理，有益于社会稳步前进，并成为世界多元文化的一个重要组成部分。和读者见面的"中国历史文化小丛书"与"中国历史文化博大精深"有什么关系，何需开篇费此笔墨？这是因为丛书的内容涵盖中国历史文化的多个领域，主要是记叙历史上人们的生存、生活状态及其变化，以此为中心，涉猎生态环境下人们的经济、社会、文化、思想意识、疾病与医疗生活，诸如农业、手工业的生产和商品交易活动；社区组织、宗族、行会等社会群体活动；家庭生活与族亲姻亲友朋往来；文学艺术的创作及大众的娱乐；合法宗教的信仰及民间秘密结社;"半边天"女性生活及其社会角色演化;人们的生存、生活是在大自然条件下进行的,人与生态环境、同人类共存的危害人们健康乃至生命的病菌、疾病医疗,是生活史内容的应有成分;此外,人们与邻国、远洋地区贸易与文化交流,等等。

读者从上述"小丛书"书写内涵就可以明了本丛书的特点了,就此,作为设计者之一的笔者就来说说个人认知吧:

第一,以小见大、大小结合,具有丰富的文化内涵。历史叙述法有所谓宏观史与微观史的区别,本丛书组合的各篇多采取宏观叙事与微观叙事结合的方法,是两种叙事的汇合。

第二,丛书的作者力图把先人生活用具体生动的故事描述出来,令人如同进入他们的生活境域,触摸先人脉搏,获知他们所思所想、欲望、欢乐、懊恼,得知先人的成功和缺憾,汲取生活经验,变成智慧,有益于今日生活。

第三,喜闻乐见的表达方式。文化普及读物,篇幅不宜过大,本丛书每部在十万字左右,作者既要呈现学术研究心得,更要用喜闻乐见的内容、文字与读者交流,争取行文流畅,文采斑斓,并配有多幅插图,期冀雅俗共赏,读者能够津津有味地阅览。

中国工人出版社编辑傅娉、宋杨热心大众文化传播，借此谨表示对她们的敬意，并愿用我们的精诚合作把本丛书出好！

冯尔康

2024 年 5 月 14 日于旅次

目　录

"人的历史"与清代的"打工人"

如何书写普通人的历史

"人的历史",这个题目很大,我们研究历史,就是对过去人的活动留下来的记载加以探讨。我们中国有悠久、深厚的历史学传统,这个传统最重要的标志就是太史公司马迁创作的《史记》,《史记》开创的纪传体通史代表着中国史学的成就,纪传体通史不乏对人的记载。"本纪"是记皇帝,"列传"是记人物,还有"世家","书"是记制度,"表"是年代的一个序列。纪传体的最大一个长处就是皇帝、贵族、大臣、官员这些人主要的活动可以反映出来,这是中国传统史学值得骄傲的地方,归功于太史公发凡起例的创造。

问题是到了近代以后，人的历史观念变了，纪传体正史虽然优秀，但是近代史学觉得应该把史学的记载瞄准普通的大众，最典型的就是梁启超《新史学》里表达的思想。梁任公认为传统史学只是帝王的二十四姓家谱，历史学要研究国民，研究社会。如果按这个标准来看，显然传统史学有它严重的局限性，它和现代史学观念是不一样的。我们现在接受的现代史学观念，教科书都要反映所谓全体国民的历史。现代史学的记述方式也变了，它是章节体，它会强调论述，讲事情的发展大势，分门别类论述政治、经济、军事、民族、社会、文化等。从明大势的角度看，章节体有好处，可是记载人的活动比较少。即使是像史学非常先进的法国年鉴学派，他们提倡要研究的人也是指复数的人、人的群体，观察、研究人的各个层面，如经济层面、社会层面等，实际上经过抽象之后，具体的人看不见了，个性的东西看不到了，因此大家就要反思这种史学。

特别是我们改革开放以前，章节体的通史绝大多数是讲政治、讲经济、讲社会，讲人的部分比较少。所以社会史就兴起了，社会史说要讲人、讲群体。新时期社会史有一个特点，就是它既讲社会结构，也瞄准了生活，是社会结构加上社会生活。[1]然而我们的社会生活史几乎是社会史的同义语，还是几大块，主要是政治、经济，当然也有一些狭义的社会部分，原来所想的把历史变得有血有肉、生动起来，具体到人的活动，反而被抽象掩盖掉了。因此，这些年来又出现了日常生活史，就是要进一步紧扣人的活动，要以人的活动为中心展开历史。如此，对社会史而言，特别重要的一个任务就是如何把人的历史反映出来，如何在日常生活当中体现人的历史。

原来的历史看不到普通大众的原因，是大众的日常生活太平常而不被保留下来，资料比较少。我们看欧洲的历史时，会觉得较多地反映日常生活、反映村落、反映古代生活，如法国学者埃马纽埃尔·勒华拉杜里（Emmanuel Le Roy Ladurie）《蒙塔尤：1294—1324 年奥克西坦尼的一个山村》（许明龙、马胜利译，商务印书馆，2007 年版）之类的书就很好，他们用的是教会档案，欧洲的家庭史、人口史等很多都是使用了教会档案。不过清史有一个得天独厚的条件，是大量档案资料保留下来，其中有很多的刑部关于人命案件的刑科题本由于民间诉讼打官司而存留下来，能够反映民众的日常、民众的生活。刑科题本在一定意义

1　冯尔康：《中国社会史概论》，高等教育出版社 2004 年版，第 10 页。

上可以和欧洲的教会档案媲美，可是目前刑科题本利用率还是比较低的，我觉得可以通过刑科题本记载普通人的生活情况来写普通人的历史。

清代刑科题本里的"打工人"

如何利用档案研究普通人呢？法国史学家阿莱特·法尔热（Arlette Farge）认为：

> 档案的真实性并不比其他文献高或低，它展现世间男女的命运，他们那令人惊讶又可悲的举动由于与权力机构产生交集而被记录下来，诸多生命由此可以展现，其规模和意义都值得将其纳入历史叙述中，这意味着必须重视档案展现出的碎片化的真相，首先挖掘和解读字里行间未能表述的内容，分析个体的生存逻辑与社会应对策略，然后理清思路，提出新的理解，将其作为思考和分析的基础。[1]

档案蕴藏的民众历史的真实与意义，需要努力挖掘与解读，分析普通个人的生存逻辑与社会应对策略，将这些碎片连

1　［法］阿莱特·法尔热著，申华明译：《档案之魅》，商务印书馆 2020 年版，第 68 页。

接成民众的生命史。

《咬文嚼字》杂志公布了 2020 年的十大流行语，其中有一个叫"打工人"，清代刑科题本记载了大量的多种打工之人。

我的老师冯尔康先生是率先系统利用嘉庆朝刑科题本研究清代社会的学者，曾考察过当时的流动人口以及从事的职业，冯先生指出：

> 流动人口的职业，资料显示，占居第一位的是佣工，第二位是自家耕作的农民，第三位是小商贩，第四位是手艺人，此外还有挑夫、教书先生、奴婢、流丐、僧侣，以及配遣犯，多系下层社会人士。[1]

冯先生分析各类人的组成及其生活。具体来说，农业雇工是佣工的主体，是约有半数移动人口的职业；农民是指租佃、典当田业、自有田产的农民；小商贩主要是开店铺或肩挑负贩；小手艺人则有编草鞋的、做纸的、泥水匠等。冯先生还就小业主撰文讨论，谈到"小业主经营商业、手工业，最主要的是饮食业，其次是杂货业、布业，再是铁

1　冯尔康：《18 世纪末 19 世纪初中国的流动人口——以嘉庆朝刑科题本档案资料为范围》，《天津师范大学学报》2005 年第 2 期，第 27 页。

业等日用品加工业，有开矿业而不发达"。[1]同时，冯先生还分别陈述了从业者的状况。就餐饮业而言，有饭店、茶馆，属于公共场所，饭铺开设在城镇村庄，遍布各地；餐饮业以及粮食加工还有烧饼店、豆腐店、粮店、磨坊、油坊、肉铺与屠户、食品小贩。杂货与布业，有杂货店、布铺与织布手艺人、染坊、灯笼店、织草鞋。铁业等日用品加工业，有铁铺、铸锅、烧木炭、采煤、篾匠、制纸、制盐、烧砖瓦。

由此可知，"打工人"在刑科题本中确实非常多，"刑科题本"中的表述是"佣工生理"，"生理"就是生计、谋生，有很多种的打工，有长工、短工、季节工，有家内的，有农业的，不一而足。他们生活的各种情况都被呈现出来，完全可以写一个清代"打工人"的历史，这个就是人的历史，普通人的历史和他的生活史。

我们看一个具体事例。河南汝州直隶州宝丰县民李重因拖欠工钱被雇工陈玉殴毙案，据陈玉供：

> 甘肃河州人，年三十二岁。父母俱故，弟兄四人，小的居二，并没妻子。做工度日。二十三年十一月间，

1　冯尔康：《乾嘉之际小业主的经济状况和社会生活——兼述嘉庆朝刑科题本档案史料的价值》，《中国社会历史评论》第七卷，天津古籍出版社2006年版，第20页。

小的雇与陕西客人赶车，到鲁山县境，因病住下，与李重认识，并没嫌隙。二十四年正月，小的病好，缺乏盘费，不能回家，雇给李重，来宝丰县境煤窑帮工，并无主仆名分，每月工钱八百文。到六月初十日结算工价，除陆续支用外，李重共欠钱四千四百八十文。小的想回原籍，向李重讨要。[1]

于是生成纠纷酿成命案。这位甘肃人陈玉三十二岁单身，先是为陕西人赶车，后来又到河南煤窑帮工，每月工钱八百文，比起普通月工五百文左右不算太低，但是煤窑工作属于重体力活，其辛劳可以想见。

当然也还有其他各种人，清代基本是农业社会，所以务农的人很多，如地主、自耕农、佃农，他们出现土地纠纷以及农业上的各种纠纷，如果以人为轴，可以讲述他们的故事。

清代租佃制下，租用土地所付的保证金称为押租，在退租时应归还租用者。安徽颍州府霍邱县则称押租为"寄庄钱"，原籍湖北蕲州的胡自清，搬到霍邱县顾家畈居住。嘉庆十四年（1809年）七月里，胡自清凭中余彦荣、吴

---

1 杜家骥主编：《清嘉庆朝刑科题本社会史料辑刊》第3册，天津古籍出版社2008年版，第1483页。

名扬揽种陈陶的水田两石，草房二间。胡自清交有寄庄钱十三千，写礼钱十四千五百文，每年租稞八石，言明给胡自清佃种三年，如不满三年，陈陶辞佃仍退还钱文。十五年三月，陈陶把田卖出，要胡自清退佃。胡自清托了原中人向他索还寄庄写礼钱文不给，未曾让庄。后陈陶连田内青苗一并折给胡自清钱三十千，胡自清依允。陈陶当交钱二千，下欠二十八千钱。陈陶给胡自清四张会票，期到七月底，一并归结。胡自清也立退庄字据，给陈陶收了。至期胡自清向陈陶要钱，陈陶要胡自清先行搬让，方肯给付。胡自清要先付一半，再行退庄，陈陶执定不允。[1] 可见主雇处处讨价还价，累积矛盾，最终演化成案件。

刑科题本记载做买卖的人也很多，如小商小贩，像现在摆地摊的也有。我们看一个小贩，浙江浦江县小贩许公赞打死清朝富阳县盐捕张朝处罚轻重一案，据许公赞供：

> 小的腌有萝卜干四蒲包挑往富阳县发卖，因恐霉变加盐拌腌。嘉庆元年二月十六日，小的同堂弟许公九各挑蒲包两个，那日申刻走到山茅坞口，蒲包内漏出盐屑，盐捕张朝、王恩看见，疑是私盐，赶来

---

1 杜家骥主编：《清嘉庆朝刑科题本社会史料辑刊》第 2 册，天津古籍出版社 2008 年版，第 944 页。

喝住。[1]

这位浦江县小贩制作萝卜干到富阳县挑卖，小贩许公赞四十五岁，并无妻子，依靠挑卖小菜度日。张朝同王恩奉差缉私盐，因向查验，发生争执，被许公赞等殴伤致死。

以上概括性地介绍了清代各种"打工人"，并一般性地就小商贩、异地租佃农民、外出佣工举例说明，下面就本书所谈不同行业的"打工人"做专门介绍。

本书概述

剃头纠纷是围绕剃头活动形成的人际关系网络发生的，剃头的人际关系最主要的是剃头匠与客人之间的主客关系，他们最容易产生的纠纷是客人亏欠剃头钱。剃头铺内有多种关系，也发生各种矛盾：剃头铺主人与帮工的纠纷，工钱往往是纠纷的导火线；剃头匠师傅与徒弟、剃头合伙人之间、帮工与店伙也有各种纠纷。清代的剃头铺服务：为客人梳辫剃头、搅剃耳窍等。剃头铺帮工每月工钱四五百文，铜盆剃刀是剃头行业最主要的谋生工具。浙江瑞安县

<hr>

1　常建华主编：《清嘉庆朝刑科题本社会史料分省辑刊》上册，天津古籍出版社 2019 年版，第 660 页。

山乡实行包剃一年的习俗。剃头匠年龄分布比较均匀，多是父母俱故的孤独之人，到外地谋生，是穷苦的手艺人。剃刀是剃头匠的谋生工具，但剃刀也给自家带来不幸。僧人与剃发结缘，剃刀伤人事故多。民间自备剃刀，也成为轻生的工具或杀人的凶器。

清人日常生活中充满木匠技艺，木匠手艺也是人们重要的谋生手段，木匠作为"打工人"，是清代社会重要的群体。清朝刑科题本土地债务类档案，关于木匠的纠纷多发生在债务的索欠方面。木匠往往在家工作，为乡民服务。木匠是流动性较大的职业，木匠到外地谋生，开张木匠铺。木匠或与房东产生纠纷，也会与雇主和产品的买主发生纠纷。木匠师傅往往带徒或找帮手工作，他们之间也会发生纠纷。木匠与他人的交往中也会产生纠纷。中年木匠未婚者可能收入微薄，经济能力有限。木匠往往兼营农业。

清代铁匠一般开铺经营，打造生产、生活用品发卖，也为人改造铁器。铁匠铺往往需要帮工，雇主与帮工会发生人际纠纷，预支或私支工钱是雇主与帮工矛盾的主要原因。铁匠的产品可以赊欠交费，会有索欠纠纷，还有买主向铁匠要求更换产品的纠纷，铁匠铺租房和房东因房租产生纠纷，铁匠铺之间的纠纷。铁器的生产、销售反映出铁业较为兴盛。铁器以其大量存在以及坚硬的特性，往往成为命案中的凶器，命案出现的生活场景中也常出现铁器，如铁制农具、防卫铁器、不同用途铁制工具、铁制生活用具。群殴也有使用火器铁铳、鸟枪的。在铁制时代的清朝，铁制品不失为观察生活、认识社会的重要途径，由人与铁的关联进入时代。

清中叶篾匠开店经营甚或出租，与邻居、租房者、房东发生关系。篾匠与他人也有借贷、典地经济纠纷。刑科题本记载的篾物有竹编的席子"篾簟"，竹制拉船的纤绳"篾缆"，竹制箩筐篓等盛具也广泛使用。竹篾也用于篱笆与搭棚上。许多刑案发生于人们劈篾过程中，因此篾刀就成了凶器。四川的事例表明，劈篾的地点有的在院坝、门首、门外，其他地区也以这些地点为多。四川、浙江的案例中出现过竹园。一些刑案的凶器是顺手使用的篾刀，说明日常生活中，经常使用篾刀劈篾，故随身携带，别在腰间备用，或许也为了护身。有关篾的案件以四川最多，浙江的事例反映出当地竹文化的流行。

豆腐与酒肉兼营是清代值得注意的现象。大致上，南方多称酒腐店，北方多称豆腐铺（房）。开设酒腐店、豆腐铺（房）大体属于小本经营，借助自家房屋或者租赁屋宇开设，开设者往往合资进行，按股分配。店铺还请人帮工或雇工经营。店铺的人际关系中往往会因经济问题发生纠纷。有事例表明，存在着人口向边远地区的流动，移居者在乡村以开设豆腐铺、酒腐店为生，然而生意艰辛，谋生不易。这些店铺也是乡村人们闲坐聊天的场所，具有一定的公共空间属性。

清代南北方民间对煤的开采有所不同，北方寻找煤窑直接挖煤者较多，而南方则多有租山挖煤，南方煤的开采也是山场的开发，一定程度上会改变山场生态环境。北方出现的挖煤或煤窑打工者，多是家境贫寒的青壮年单身者，从事艰苦的挖煤工作。南方出现的煤矿山场出租者的身份，江西的两例拥有煤山者均为监生，应有一定的经济力量支撑。租山开矿者的家境似乎较好。四川的挖煤者，谋生较为艰难。挖出的煤需要运出交易，有些人从事背煤、卖煤生计。城市、乡村均有煤铺经营事例，饭店、饭铺使用煤作为燃料，民间家庭做饭、取暖也用煤。清中叶民众以煤为生，虽然一定程度上得益于官府较有弹性的政策，也是来自生存的压力。

江西租山种植茶梓有各种纠纷发生。茶山经营出现在广大南方地区，山场将茶树与桐树、苎麻、杉木等同种一山，茶子是种茶树的重要收入。清代蒙古地区大量消费砖茶。南方一些地区挑担卖茶，寺院往往从事茶叶的生产与销售。茶铺、茶馆深入社会，四川多以茶铺为名，安徽人开设茶馆，江浙吃茶于茶店。山西人到京城谋生开茶铺，顾客多旗人。直隶、陕西、奉天也有茶铺、茶馆，具有社交性。茶铺雇工的工钱，西部川陕地区每月四五百文，中东部工钱较高。纠纷导火索与面子问题有关，茶馆或路上当众被讨账是有伤颜面之事。

嘉庆时期的民间戏曲演出活动遍布全国大部，尤以山西、陕西繁盛。戏曲演出活动在民间社会有着深厚的文化土壤，岁时节日、敬神还愿的演戏较为普遍。民间演戏的组织形式一般是村社成员轮值，经费来自公摊，也有惩罚村民出钱演戏的。民间社会因演戏产生的纠纷，往往是因为摊钱不均、出钱不力或交费延时等产生于组织者与村民之间。演戏除了一般的地方戏外，还有皮影戏、独脚傀儡戏等。戏班活跃于各地，艺人的社会流动性较大，戏班有跨府跨省组成的。一般的戏班由三四位艺人组成，有管班、管账等分工。山西、陕西的戏班多采取股份制的分配形式。戏曲艺人社会经济地位较低，生活艰辛。戏班内部往往发生经济纠纷，戏班与其他民人也会发生矛盾。

清嘉庆朝刑科题本中甘青宁地区命案事主，以二三十岁者为主体，四十岁年龄段也占有相当比重。他们的生计以务农最多，其次是佣工，还有经商、当差、甲兵等，包括部分回民。清代甘青宁地区相对地旷人稀，内地来此谋生者较多，外省人主要来自接壤的陕西、四川以及山西邻近省份人口较为密集的地区。甘肃人也到陕西汉中谋生或到晋豫的煤矿区打工，甘肃东部阶州、秦州接近内地，外省人来此，此地人也到外省谋生，形成人口的对流。

浙江杭嘉湖地区的案例，三四十岁超过了适婚年龄，多佣工谋生。有家庭者多属于小家庭。事例折射出杭州、湖州城市与乌镇、南浔镇工商业的繁华，不仅解决本地人的就业，也为外地人提供了谋生之道。佣工者较为普遍，与主雇间的纠纷常因工钱产生。

通过以上介绍，我们可以看到清代存在的社会关系网络。以前关于社会结构往往是宏观的大叙述，讲述皇帝、宗室、贵族、官员、文人，若在一个村落观察，看到的则是百姓，但是百姓和百姓之间的社会结构主要是通过社会关系的网络呈现出来，所以研究社会结构的问题是离不开日常生活，离不开这些人的具体的活动的，因此日常生活研究还是可以上升为一些理论性思考的。

余　论

通过刑科题本的这些纠纷我们可以对清代社会关系有

所认识。人们会说，人和人基本上都是好人，但是人们为什么会经常发生矛盾呢？那些村落里面的人，平时他们没有产生纠纷的时候都是友好的，比如借钱，比如某一件事互相帮忙，后来的纠纷往往是误解所致，一般并不能说哪个人特别坏。但纠纷的结局却是让人们感到很痛心，因为一句话不对，借了钱少还了一点，结果发生了纠纷。因此发生命案，打到皇帝那里断案，我们看完之后觉得很是悲催。这促使我们思考，这个社会的本质是什么？其实事属正常，人和人的日常关系当中需要互动，需要帮助，有温情，但也正是在这当中，人们发生了误解，导致矛盾冲突，出现了那么多我们不愿意看到的事情。然而，这就是社会。社会往往是美好和悲催之事纠缠在一起的，这样的认知是从生活得来的，能够落实到我们具体的人。

如何利用好刑科题本研究普通人，台北学者刘铮云先生说："然而，在试过几个题目，如夫妻关系、小贩、旅店之后，我发现档案中的案例固然吸引人，但要能够利用这些例子说故事，还要先找到能串起这些例子的主题，就像散落一地的珠子，需要一条绳子才能串成一条亮丽的珠链。不过，这条贯珠之绳一时之间还不容易找到。在找到之前，我决定暂时从管理基层社会的制度面入手，希望还有机会把档案中的案例串成一篇篇故事。"[1] 同样，我也在寻找这条"贯珠之绳"，暂且从人际关系入手，期待那"亮丽的珠链"出现。

本书依据的清朝刑科题本出自五部资料集，在书中以简称夹注出现，即：

1. 中国第一历史档案馆、中国社会科学院历史研究所合编：《清代地租剥削形态》（上下册），中华书局，1982 年，简称《形态》；

2. 中国第一历史档案馆、中国社会科学院历史研究所合编：《清代土地占有关系与佃农抗租斗争》（上下册），中华书局，1988 年，简称《斗争》；

3. 郑秦、赵雄主编：《清代"服制"命案——刑科题本档案选编》，中国政法大学出版社，1996 年，简称《选编》；

4. 杜家骥主编：《清嘉庆朝刑科题本社会史料辑刊》（三册），天津古籍出版社，2008 年，简称《辑刊》；

5. 常建华主编：《清嘉庆朝刑科题本社会史料分省辑刊》（上下册），天津古籍出版社，2019 年，简称《分省辑刊》。

本书的配图主要来自这些著作：一是《北京民间风俗

1　常建华：《日常生活的历史学》，北京师范大学出版社 2021 年版，第 570 页。

百图》(书目文献出版社，1983 年)，原系北京图书馆珍藏的清代民间艺人绘画稿本，反映了清代同治、光绪年间的世象。二是《18—19 世纪羊城风物：英国维多利亚阿伯特博物院藏广州外销画》(上海古籍出版社，2003 年)，外销画为了照顾外国人的审美习惯，仿照西洋画法，但反映的是清代广州的风土人情。两部画册中的北京、广州，正好是一南一北，具有代表性。此外，还采用了《清国京城市景风俗图》(Les Rues de. Pékin2 册，19 世纪)、《清代民间生活图集》(26 幅水彩画)、《街头各行业人物》(大英图书馆藏，19 世纪外销画)中的图像，感谢博士生刘志坤协助获得这些图像。

剃头匠

剃发是清代历史上的大事，明清易代之际就因清廷的剃发、易衣冠掀起抗清运动，晚清民国之际又是剪辫子运动成为改朝换代的标志，有清一代围绕剃发的事件也不少发生。不过与这些惊心动魄的历史不同，清代民间百姓日常的剃发生活如何，罕见论述，这或许是由于日常琐事的剃发缺乏资料记载所致。不过，刑事案件档案中一些案件是围绕剃发产生，还有案件无意中与剃发产生联系，为我们了解民间剃发活动留下了文献记载，尤其是其中的当事人口供弥足珍贵。"它能够让人窥见社会网络，或者与他人共同生活的特定方式。"[1]

1　［法］阿莱特·法尔热著，申华明译：《档案之魅》，商务印书馆2020年版，第59页。

剃头活动的人际关系及其纠纷

清朝命案需要皇帝裁决，刑科题本是地方上报清廷由刑部或三法司提出审案裁决最后提交皇帝形成的档案。生命是头等大事，而剃发恰好发生在头上，围绕剃发的纠纷产生于日常生活。

我们先认识一下清代的剃头铺服务。奉天广宁县审解民人葛畛用搅耳小刀拉伤范文英身死案，据葛畛的父亲葛均和供：

> 小的是山东青州府寿光县人，年七十四岁，小的从二十岁出关，在奉营生。女人魏氏亡故，早生葛畛一子，儿媳张氏，家无次丁。原籍家有哥子葛大，不知存亡，他没娶妻。小的在广宁界八角台租杨廷柱一间半房子，同儿子葛畛开剃头铺生理，已死范文英常到铺里梳辫剃头，合儿子葛畛认识相好，并没仇隙。嘉庆六年十月十二日葛畛买了两尺布，挪借范文英、吕兆起市钱共十吊没还，十三日小的在外屯找借，也没借着，下晚回铺。十四日巳饭时，有一不认识人进铺剃头，搅剃那人右耳窍。范文英进屋，生气向儿子

说，葛畛你说今日清晨还钱，怎么也没送来。葛畛说等明日给你送钱去。范文英嗔他支吾，就混骂起来，葛畛说你骂也没有钱，范文英脱了棉袄，走到葛畛背后，用左手抓住葛畛脊背，右拳乱打。小的才要上前拉劝，那剃头人就急忙走了，之间葛畛向右一转身，用右手往后一拨，手中搅刀拉伤范文英咽喉偏右了。范文英嗳呦一声松手，杨三进屋把范文英挽扶卧炕，随后吕兆起进屋查问缘由，儿子用刀自残额角，杨三把刀夺下，同小的把葛畛绑上。午后范文英因伤身死，小的实系赶救不及。是实。（《分省辑刊》上册，第106页）

这是"闯关东"的山东青州府寿光县父子俩开剃头铺谋生，他们为客人"梳辫剃头"、搅剃耳窍，剃头匠与客人交了朋友，挪借客人钱未还，客人在铺剃头时主客发生纠纷，导致剃头匠忘记手拿搅耳小刀拉伤客人咽喉因伤身死。

剃头纠纷是围绕剃头活动形成的人际关系网络发生的。

剃头的人际关系最主要的是剃头匠与客人之间主客关系，他们最容易产生的纠纷是客人亏欠剃头钱。这方面的事例可以举出四例：例一，广东番禺县民陈亚发因索欠打死李名彩案，陈亚发平日剃头度活，与李名彩素相熟识。

嘉庆七年（1802 年）正月内，李名彩因赊欠陈亚发剃头钱十文，屡讨无偿。二月二十一日傍晚时候，陈亚发在村前撞遇李名彩，向讨前欠嗔闹。李名彩被陈亚发用拳殴伤左肋倒地，扶回医治不效，延至二十二日早殒命。（《辑刊》第 2 册，第 526 页）

例二，湖北谷城县民人徐世善殴伤李凡虎身死案，据徐世善供：

> 蒲圻县人，年二十一岁，父亲已故，母亲刘氏，兄弟徐世贵。小的来到谷城县剃头营生，与李凡虎素识无嫌。嘉庆五年八月内李凡虎叫小的剃头，欠钱三十文，屡讨未还。九月二十二日，小的复往向讨，李凡虎斥说欠钱无多，不应上门催逼。小的不服，彼此争骂。（《分省辑刊》下册，第 833 页）

蒲圻县人徐世善来到谷城县剃头营生，其实欠钱的李凡虎也是外地人，据李凡虎供称，他是山西介休县人，至谷城小本贸易营生。

例三，四川合州民人明学陞因索讨剃头钱文戳伤江启浩等身死案，据安岳县人明学陞供：

> 先年来合州剃头度日，与江启浩、邹仕荣向来

认识，都没仇隙。嘉庆十一年间，江启浩陆续该欠小的剃头钱一百二十文，讨过几次，总没给还。十二年四月二十四日，小的在邹仕荣煤厂闲耍，见江启浩路过，小的向他索讨剃头钱文。江启浩村斥小的不该拦路逼讨，小的分辩。江启浩口里混骂，小的回骂。江启浩扑拢举拳打来，小的闪避，顺拿邹仕荣厂内尖刀戳了江启浩胸膛一下。江启浩扑拢夺刀，小的又用刀向戳，伤着江启浩心坎倒地。（《分省辑刊》下册，第1135—1136页）

剃头匠索讨顾客剃发欠钱者不果，后路遇继续索讨，欠钱者以"不该拦路逼讨"发怒并动手打人，激化矛盾，导致命案。

例四，江苏兴化县道士舒青达因欠钱纠纷伤民袁得贵身死案，毛哥子二十岁，父亲已故，母亲杨氏改嫁袁得贵为妻。毛哥子随母过门，剃头生理。舒青达赊毛哥子剃头钱一百文。嘉庆二十年（1815年）三月二十五日，毛哥子路遇舒青达，向他索讨。舒青达恳缓，毛哥子不依混骂，舒青达当就走开。后来毛哥子母亲着人找着他回家，晓得舒青达又来与袁得贵吵闹。大家扭结，致袁得贵跌伤身死的。（《辑刊》第3册，第1172页）

剃头铺内有多种关系，也发生各种矛盾。

首先看剃头铺主人与帮工的纠纷，工钱往往是纠纷的导火线。如湖北天门县民陈映奉因索讨工钱打死东家罗大云案，据罗周氏供：

> 已死罗大云是小妇人丈夫，开剃头铺生理。雇陈映奉在铺帮同剃头，每月言定工钱五百文，丈夫该欠陈映奉三个月工钱。七月十三日，陈映奉向丈夫索讨，丈夫没钱恳缓，陈映奉不依。丈夫斥他不应催逼，出言混骂，陈映奉回骂。丈夫拿铁烙头向打，被陈映奉夺过还殴，致伤丈夫左眉丛。丈夫揪住陈映奉衣领撞头拼命，又被陈映奉打伤囟门倒地，经陈谷刚劝开。不料丈夫伤重，到下晚就死了。（《辑刊》第3册，第1374页）

剃头铺主人欠帮工的工钱，被帮工索讨打伤身死。

再如湖北还有荆门州民人林云华推跌李满垫伤身死一案，据林云华供认：

> 嘉庆六年五月，小的来荆门探亲未遇，六月初一日雇在高士选铺内帮他剃头，选定每月工钱四百文，到八月底计三个月，该工钱一千二百文，高士选只

给二百，余俱拖欠未交，九月十一日小的需钱应用，向他索讨无还，彼此争闹。(《分省辑刊》下册，第838页）

此案中雇主与帮工商定剃头的工钱每月四百文，而上一案例中每月工钱五百文，看来剃头匠每月工钱四五百文是当时的行情。不过也不排除第二例中，因帮工寄居铺主家而被压低工钱。巧的是两案都是在欠工钱三个月后爆发冲突，看来三个月以上未发放工钱是被欠者不能忍受的时间。

其次，剃头匠师傅与徒弟的纠纷。山西阳曲县民人鲍兴盛因器物遗失殴伤徒弟刘来盛身死案，据鲍兴盛供：

> 小的向在案下小巷街开剃头铺生理。刘来盛是刘玉贤的兄弟，嘉庆十年二月间，刘玉贤央小的把刘来盛收留为徒，学习剃头，小的实心教导，并无嫌怨。十一年五月间，小的因刘来盛已会剃头，另备剃头器具，叫他每日挑担往街上营生，晚间仍回铺内。六月十七日，刘来盛出街剃头，至晚回铺，小的查看担上铜盆剃刀失去，向他查问，刘来盛说是前往南街看戏，被贼偷去。小的因刘来盛看戏游荡，以致失物，心里生气，当用粗股麻绳打伤刘来盛左乳、左肋。刘来盛转身要走，小的又打伤他脊背、左臀、右胸腋。刘来

盛坐地哭喊，小的把他仰面按倒，又用麻绳连打，把他左右腿、左右脚腕打伤。当时铺伙冯发财劝歇，不料刘来盛到十八日早因伤死了。（《分省辑刊》上册，第 340—341 页）

可知徒弟学好手艺后，师傅另备剃头器具——铜盆剃刀等，叫徒弟每日挑担往街上营生。只是这位徒弟外出看戏丢失铜盆剃刀，竟被师父打死，可见师傅待徒之威严。剃头铺除了师徒，还有铺伙。就剃头行业而言，铜盆剃刀是最主要的谋生工具，也比较值钱，所以成了被偷窃的对象。

再次，剃头合伙人之间的纠纷。浙江瑞安县民人陈阿二因合伙剃头纠纷戳伤王继观身死案，据陈阿二供：

年四十七岁，永嘉县人。父母俱故，余无别属。向与王继观在瑞安合伙剃头，并无仇隙。山乡规例，每家包剃一年，秤给谷子二三十斤不等。小的与王继观各收各谷，平日剃头通融替代。十年七月初五日，小的到黄阿安家剃头，向他讨取稻谷，他说前日王继观已代你收去。小的回来，走到新桥地方，见王继观拿了刀子在地里挖菜。小的斥他不应冒收稻谷，王继观不服混骂，小的回詈。王继观用刀戳来，小的闪避，拾起地上树枝将刀格落。王继观赶至小的背后，揪住发辫往下搂按。小的挣不脱身，拾取刀子往后吓戳，原想他放手，不料戳伤他后肋，跌倒地上，不多一会就即身死。小的害怕，要把尸身拖到芦林中藏掩，被项碎奶路过看见，拉住盘问。小的不能隐瞒，告知实情，求他不要声张，并说如若告发定要扳害。因见有人走来，小的就即跑走，避往各处求乞。至十一年五月里，事冷回来。二十七日，小的在寓与项碎奶剃头，王继观的父亲王添幅走来盘问，小的支吾答应，项碎奶也替小的分剖，不想王添幅就赴案指告的。（《分省辑刊》上册，第 697 页。）

难能可贵，该口供介绍了浙江瑞安县"山乡规例，每家包剃一年，秤给谷子二三十斤不等"。在瑞安合伙剃头的永嘉县人陈阿二与平阳县民人王继观，均是外乡人，合伙在山乡"每家包剃"，可见瑞安县日常生活里，剃头是由外乡人承包的。遗憾的是，陈阿二、王继观本来"平日剃头通融替代"，却在一起收费事情上发生纠纷，导致命案。

复次，帮工与店伙的纠纷。江西峡江县民陈新保因借钱纠纷伤曾欢保身死案，据尸亲曾会迪供：

　　已死曾欢保是小的侄孙。他父亲已故，随母改嫁邹姓。现年十七岁，向在邹饶九剃头店内帮工。嘉庆

五年八月十七日，佢孙因要买荷包，向店伙陈新保借
钱。陈新保不允，两相争骂，佢孙掌打陈新保腮颊，
被陈新保用脚踢伤肾囊蹲地。有聂良佐、刘保妹见证。
十八日，店主邹饶九把佢孙扶回，延医调治。那知佢
孙伤重，医治不好，到二十三日夜就死了。（《辑刊》
第 2 册，第 513 页）

十七岁的曾欢保在剃头店内帮工，向店伙陈新保借钱不允
动手打人，反被陈新保踢伤致死。

最后，剃头匠与其他人的纠纷。直隶宁晋县民王孝因
债务纠纷扎伤李王氏身死案，剃头匠王孝曾欠李王氏本利
大钱八千，已还过大钱七千，下欠大钱一千，李王氏已允
情让。接着李王氏因欠王思孝钱文，又将其尾欠汇与王思
孝逼讨。嘉庆二十三年（1818 年）六月初三日早，王孝与
李王氏在街撞遇，向其村斥争吵，经人劝散。后王孝走至
村外，复与李王氏会遇，李王氏向王孝辱骂致相争殴，被
王孝用刀扎伤身死。（《辑刊》第 2 册，第 1105 页）

剃头匠、剃头刀与剃头铺

剃头匠的自述。

剃头匠在诉讼案的供词中，需要介绍自身及家庭情况，这是我们了解剃头匠人生活的绝好资料。我们先看北方的两个事例，直隶宁晋县民王孝因债务纠纷扎伤李王氏身死案，据剃头匠王孝供："小的是宁晋县人，年五十一岁。父母俱故，并没妻子，一向剃头度日。"（《辑刊》第2册，第1105页）山西阳曲县民人鲍兴盛因器物遗失殴伤徒弟刘来盛身死案，据鲍兴盛供："小的是长子县人，年四十五岁。父亲已故，原籍有母亲窦氏，年七十一岁。娶妻翟氏，生有一子，今年六岁，并没弟兄。"（《分省辑刊》上册，第340页）这两位剃头匠年龄四五十岁，前者孤独一人生存，后者在外地谋生，三十九岁得子，生活压力也不小。

再看南方的三个事例。湖北荆门州民人林云华推跌李满垫伤身死案，据林云华供认："湖南衡阳人，年三十五岁，父母俱故，剃头营生。"（《分省辑刊》下册，第838页）四川合州民人明学陛因索讨剃头钱文戳伤江启浩等身死案，据明学陛供："小的安岳县人，年五十九岁。父母俱故，并没弟兄、妻室。先年来合州剃头度日。"（《分省辑刊》下册，第1135页）广东番禺县民陈亚发因索欠打死李名彩案，据陈亚发供："小的是本县人，年二十六岁，父母俱故，并无兄弟妻子，平日剃头度活。"（《辑刊》第2册，第527页）三例都是父母俱故，本身成了孤独之人，前两例均是到外地谋生，生存更加艰难。湖北、广东的两位剃头匠较年轻，二三十岁，四川的匠人快六十岁了。

总而言之，剃头匠年龄分布比较均匀，但五例中有四例是父母俱故的孤独之人，且五例中三例是到外地谋生，可见剃头匠多是穷苦的手艺人，生活艰辛。

剃刀下的生命。

剃刀是剃头匠的谋生工具，但是当不幸的事降临剃头匠的家庭，剃刀也给自家带来不幸。四川渠县民妇全李氏与肖瀍灼等通奸并谋杀亲夫案，据本夫全徐发供：

> 全继惠是小的父亲。全李氏是小的妻子，十七年四月初六日接娶的。小的同父亲常在外间剃头生理，妻子屡次私逃，不听小的父母管教。四月二十日，妻子无故自把头发剪了，小的问他总不肯说。六月二十日夜四更时候，小的睡熟，被妻子用剃刀把小的咽喉划伤，小的痛醒喊叫。父亲赶来查问。妻子说他未出嫁时，与闵清、肖瀍灼先后有奸，是肖瀍灼起意叫妻子把小的割死的。小的才晓得妻子全李氏与肖瀍灼们有通奸的事。（《辑刊》第 2 册，第 1085 页）

这个以剃头为生的家庭，妻子通奸的事情中，与头发、剃刀有密切关联。关于"妻子无故自把头发剪了，小的问他总不肯说"，在全李氏供词中交代："肖瀍灼因与小妇人通奸情密，叫小妇人把头发剪了，公婆必要休退，好嫁他做妻子。二十日，小妇人自把头发剪了。公婆、丈夫查问，小妇人总没言语。公婆要把小妇人休回，是母亲劝住的。"看来新婚妇女的发式有讲究，不能随意剪发，通奸者试图以剪发激怒公婆休媳退婚。"被妻子用剃刀把小的咽喉划伤"，在全李氏供词中也可得知事先的密谋："六月二十日，公婆同丈夫都出门去了。肖瀍灼来小妇人隔壁空房里，叫小妇人用刀把丈夫割死，好做长久夫妻。小妇人允从，各自走散。就是那夜小妇人私自拿了公公剃头刀一把放在床里边。"（《辑刊》第2册，第1085页）

僧人与剃刀结缘，留下的故事也多。僧人本系民人，因某种原因披剃为僧，为僧者不蓄发，经常剃头保持无发。因此，僧家必备剃刀，剃刀常在身旁。寺院发生的命案，往往是剃刀作为凶器出现在案件中。湖北应山县李么因索讨欠钱致死僧人悟恨案，嘉庆十三年（1808年）七月间，僧悟恨托李么买油二斤，该钱一百四十文，是李么垫付，屡讨没还。于十二月十一日很晚时候，李么往他庙里催讨。悟恨仍无钱清偿，并斥李么不该逼索。李么不服，要拿他棉被作抵。僧悟恨拦阻，拾起柴棍打伤李么左肐肘。李么夺过丢弃。僧悟恨又取桌上剃刀划伤李么右手大指。李么乘势捉住他手腕，一手捏住刀背，用力夺过，说去投保理论。僧悟恨揪住李么胸衣举拳打来，李么用手搪格，不防手内剃刀口正向外，致伤他咽喉左，松手倒地。是吴文卜劝散。过不一会，僧悟恨就因伤死了。（《辑刊》第3册，第1142页）这是僧人动用剃刀，但结果被民人用剃刀误伤僧人。

寺庙也有劫杀留宿之人的事情，剃头刀成了作案工具。贵州兴义府僧人广云等图财谋杀肖发麟身死案，据从犯陈景灉供：

嘉庆十四年，来贵州兴义府觅工。梓潼阁庙僧心存雇小的在庙里挑水。广云是心存徒弟。已死永宁人肖发麟与心存平日相好，常到庙内借宿。十六年三月初六日，心存出外念经，说要过七八日才回。傍晚时候，肖发麟背了一个毡包来庙借住。初七日下午，肖发麟取银二钱交给小的买备酒菜，与广云、小的三人同吃。到晚上，肖发麟睡了。广云悄向小的说，他见肖发麟打开毡包往拜匣取银，内中纸包甚大，必有多银。这庙地方僻静，少人来往，心存外出，只有我们二人，肖发麟又不是本地人，不如明早买酒将他灌醉致死，抬往山洞去弃，无人知觉，得了银两两人分用。

小的应允。初八日早，广云同小的凑出钱文买了些酒，假说请肖发麟还席，关了庙门三人共饮。大家把肖发麟灌醉，广云扶他在床上睡了。小的见肖发麟沉醉不醒，先将肖发麟发辫拴在床脚，拿桌上剃刀狠割他咽喉。肖发麟喊叫滚下床来，扑在地下。小的心慌丢了剃刀，拿起房内半截断担用担头戳他脑后一下。肖发麟在地乱滚，广云去厨房拿了菜刀一把，蹲在肖发麟身旁，左手抓住发辫，右手用菜刀向他咽喉狠割一下，并划伤他左颔颏。肖发麟当时身死。（《辑刊》第3册，第1154—1155页）

这一令人发指的案件发生在寺庙，剃刀被用作凶器。

僧人之间的矛盾，也以剃刀解决问题。湖北东湖县僧际桂等因索分化缘钱谋杀僧性悟身死案，据僧际桂供：

东湖县人，年三十二岁。自幼在报恩寺出家，拜僧真旭为师。平日师傅相待刻薄，后来又将僧人分住紫云宫破庙，他一人仍在报恩寺居住。嘉庆十年闰六月内，僧人想修紫云宫庙宇，叫师傅相帮化缘，师傅不肯。僧人央素识的僧性悟帮同募化，讲定每月工钱五百文。九月内，僧人查看缘簿，约有钱一百三四十千文，当给僧性悟工钱两千文，把他辞出。

僧性悟将钱用完时，时常来到庙里索分化缘钱文。僧人又许钱两千，说俟收得钱给与。僧性悟就住在庙里，屡次催索。十一月二十日，僧性悟缺用，索闹更甚，并说这项钱文亏他过去募化，若不对分，将来修好庙宇，定要控争。僧人与他争论几句，随去睡歇。因僧性悟吵闹不休，心里忿恨，并恐庙宇修好，被他控争受累，起意把他哄到僻处致死除患。二十一日晚，僧人把雇工唐太富叫到厨房告知，央他相帮，唐太富不肯。僧人说："你若帮我，将来事犯到官，决不牵连。如不依从，就要诬赖是你杀的。"唐太富方才应允。僧人随拿一把剃刀藏带身边，向僧性悟假说前许的钱文因设措不出，没有给他，现向东山寺僧真聪借得钱二千，约在今晚往取，叫他同去拿钱。僧性悟信是实话，应允。僧人就叫唐太富点燃灯笼照亮，三人一同出门。二更时，走到东山寺旁山下，僧人乘僧性悟没有防备，用力一推，僧性悟倒仆跌地。僧人乘势骑在他身上，僧性悟一手是他自身压住，一手被僧人压住。僧人忙拿出剃刀，在性悟咽喉上下接连割了五下，当时身死。僧人把剃刀撂弃尸旁，装点自刎情形，与唐太富回庙。(《分省辑刊》下册，第845页)

剃刀成为僧人之间杀人的凶器。

民间往往自备剃刀，用于剃发。剃刀也成为轻生的工具或杀人的凶器。四川叙永厅民刘崇安因索要地租事将佃户张玉连一家三口致死案，罗崇华有山地佃与刘崇安耕种，刘崇安又招张玉连分佃纳租。张玉连因欠刘崇安租息借项未还。嘉庆十七年（1812年）二月十八日，张玉连从蔡相家取回锛锄在川垄山地方被刘崇安撞遇，索欠起衅。刘崇安夺锄将张玉连砍伤身死。二十日午后，张玉连之父张仕坤因张玉连外出未回，向刘崇安问出前情，随带张玉连之子张三儿出外寻尸欲报，刘崇安携取铁锄赶至路上，又将张仕坤、张三儿一并殴毙。后来刘崇安拿锄转回，其妻看见查知前情，连忙把锄夺下。不想刘崇安畏罪，"就到厨房用剃刀自抹咽喉死了"（《辑刊》第3册，第1309页）。这是轻生。

还有用剃刀自割图赖的情形。湖南芷江县民许绪安为图诈故杀伊妻吴氏身死案，据许绪安供：

> 年五十七岁，芷江县人。父母俱故。弟兄三人，久已分居，小的居长。娶妻吴氏，生有一子许希昭，外出佣趁。许绍添是小的无服族兄。嘉庆六年正月内，小的把祖遗地名黄土洞田亩卖与许绍添为业，田

仍小的佃种纳租。十年十二月内，小的欠少租谷，许绍添就把田收回自种。小的复向求佃，不允，虑难度日，心怀忿恨。二十六日，听闻许绍添家于二十七日迎娶孙媳，小的要乘他家有事，起意商令妻子吴氏装伤前往诈赖，希图挟令将田仍给佃种。吴氏应允，即在家里用剃刀自割咽喉一下，怯痛弃刀，卧倒在地。小的因见伤轻，难以吓诈，拾刀叫他再割，并叫同赴许绍添家诈赖，吴氏因伤疼痛，俱不允从。小的起意杀死，遗尸图赖，乘他不备，当用左手按住吴氏头颅，右手连割吴氏咽喉两下，当即身亡。等到夜静，小的一人把尸背到许绍添家屋右墙丢弃走回。原想次日往诈，不料二十七日早，许绍添查见尸身，已先赴案具报。小的畏罪逃避，旋被拿获解案的。（《分省辑刊》下册，第 949 页）

许绪安为了求佃，起意商令妻子吴氏装伤前往诈赖，妻子在家里用剃刀自割咽喉，怯痛弃刀，他竟"用左手按住吴氏头颅，右手连割吴氏咽喉两下，当即身亡"。

剃头铺里外有故事。

剃头铺是日常生活中人们经常光顾的地方，不仅数量较多，而且具有一定的公共性，因此有些案件的发生地就在剃头铺或者附近。直隶蔚州吹手王元子因分钱不均事殴伤吹手曹义胜身死案，嘉庆十年（1805年）九月初二日，吹手王元子伙计刘照雇伊子曹义胜并奚文、王偏子、任六四人赴赵云锦家做吹手，雇价大钱二百五十文。王元子出乐器，言明按五股分钱。是晚，其子曹义胜向赵云锦支钱一百文，其子用大钱七十文，奚文用钱三十文。初四日，曹义胜在曹镜剃头铺里说闲话，与王元子撞遇，王元子斥曹义胜多使钱文，致相争吵。曹义胜走出门外，堵着铺里叫骂，王元子将曹义胜殴伤身死。（《辑刊》第3册，第1704—1705页）再如浙江宁波鄞县民人邱世荣戳伤无服弟邱鼎和身死案，邱鼎和在李兼三剃头店前，有邱世荣向讨辛谷争殴，用刀戳伤邱鼎和身死。（《分省辑刊》上册，第688页）

剃头还会有意外发生。如直隶藁城县民王夯子因私拿豆子殴伤王二小身死案，"王二小被划伤左额角虽系致命伤，但伤本轻浅，况且受伤后伤已结痂，饮食行动如常，原可不致戕生。嗣因剃头，自行洗落伤痂，以致伤处进风，越十一日殒命"。（《分省辑刊》上册，第12页）

结　语

清嘉庆时期有的刑事案件由于剃发而发生，还有案件无意中与剃发产生联系，涉及这些案件的刑科题本为我们了解民间剃发活动留下了记载。剃头纠纷是围绕剃头活动形成的人际关系网络发生的，剃头的人际关系最主要的是剃头匠与客人之间的主客关系，他们最容易产生的纠纷是客人亏欠剃头钱。剃头铺内有多种关系，也发生各种矛盾：剃头铺主人与帮工的纠纷，工钱往往是纠纷的导火线；剃头匠师傅与徒弟、剃头合伙人之间、帮工与店伙也有各种纠纷。此外，剃头匠与其他人也会产生纠纷。"在这些生活片段、琐碎争吵之中，反映了人类彼此不信任，也可以看到人类自身的不幸。"[1]

清代的剃头铺服务，为客人梳辫剃头、搅剃耳窍，剃头铺帮工每月工钱四五百文是当时的行情。剃头行业，铜盆剃刀是最主要的谋生工具。浙江瑞安县"山乡规例，每家包剃一年，秤给谷子二三十斤不等"。剃头匠的诉讼案供词介绍自身及家庭情况，为我们提供了剃头匠人的生活状

---

[1] ［法］阿莱特·法尔热著，申华明译：《档案之魅》，商务印书馆2020年版，第56页。

况。涉案剃头匠年龄二三十岁、四五十岁都有，多是父母双亡，属于孤独之人。剃头匠往往谋生于他乡，作为穷苦手艺人的剃头匠生活艰辛，处于社会底层。剃刀是剃头匠的谋生工具，但是当不幸的事降临剃头匠的家庭，剃刀也给自家带来不幸。僧人本系民人，因某种原因披剃为僧，为僧者不蓄发，经常剃头保持无发。因此，僧家必备剃刀，剃刀常在身旁。寺院发生的命案，往往是剃刀作为凶器出现在案件中。寺庙也有劫杀留宿之人的事情，剃头刀成了作案工具。僧人之间的矛盾，也以剃刀解决问题。民间往往自备剃刀，用于剃发。剃刀也成为轻生的工具或杀人的凶器。还有用剃刀自割图赖的情形。剃头铺是日常生活中人们经常光顾的地方，不仅数量较多，而且具有一定的公共性，因此有些案件的发生地就在剃头铺或者附近。剃头还会有意外发生。

木 匠

中国传统农业社会中，木匠在人们的日常生活中是十分重要的。修造房屋、做家具、制作工具及各种工程都离不开木匠，木匠手艺也是人们重要的谋生手段。我将依据收集到的 21 个乾隆、嘉庆朝刑科题本土地债务类案件，讨论木匠纠纷的情形，从中捕捉木匠的日常生活，以此认识当时的社会。木匠纠纷多发生在债务的索欠方面。

木匠的职业性纠纷及其生活

木匠往往在家工作，为乡民服务。也有木匠到外地谋生，开张木匠铺。刑科题本中木匠会不经意地出现在生活场景中，如东北奉天宁远州中后所，乾隆三十一年

（1766年）三月二十四日晚上，张桂周和张玉彼此因邻居纠纷吵嚷，有木匠朱珍把张桂周拉劝回家。（《形态》上册，第308页）

到外地的木匠，有的租房作为工作场所，木匠或与房东产生纠纷。如江苏宜兴县民史富生因索房租打死客民冯春喜案，据尸亲冯顺喜供：

> 安徽绩溪县人，冯春喜是小的哥子。九年正月里，哥子租赁宜兴史富生房屋开张木匠店，讲定每年租钱二千五百文，按季支取。哥子因手头乏钱，秋季房钱没有付给。十一月十三日傍晚，史富生向哥子索讨争闹，打伤哥子右耳根、两胳膊。小的闻知赶来查看，不料哥子伤重，延至十五日早就身死了，求究抵。（《辑刊》第2册，第840页）

安徽绩溪县人冯春喜到江苏宜兴谋生，租赁史富生房屋开张木匠店，因未能及时付给房钱，被房东打伤致死。这家木匠店的租金是每年租钱二千五百文，按季支取。

城市里的木匠行业有时制定行规，在一定范围内限制同行竞争。道光二十四年（1844年）苏州小木业公所议定规条，凡本地出师的木匠要开张店铺，先向公所交纳行规银二两四钱，而外地来苏州的木匠或不是木业行里的人则要交四两八钱。[1]用加倍的费用限制外地人、外行人开业，以减少竞争，外地谋生的木匠实属不易。同治七年（1868年）上海水木业公所议定工价，水木匠每日一百文，学徒八十文，[2]统一工价，限制同行竞争。

木匠也会与雇主因工钱产生纠纷。如福建建安县客民胡缺仔因讨要工钱被陈观德殴伤身死案，嘉庆十四年九月初八日，据建宁府建安县胡陇仔投称：他开张饭店生理，有江西崇仁县木匠胡缺仔住歇其店内。八月二十九日，胡缺仔赴陈观德家做工，因讨取工钱争闹，被陈观德用镶铁木棍殴伤，至九月初七日身死。据陈观德供：

> 年四十岁，建安县人，父母俱故。兄弟三人，小的第三，并无妻子。与木匠胡缺仔素识无嫌。嘉庆十四年八月十七日，小的雇胡缺仔修理房屋，每日约定工钱四十文，至二十九日完工，共应给工钱五百二十文。小的先给钱四百九十文，尚少钱三十文，约俟迟日找付。胡缺仔不依，两相争闹。（《辑刊》第3册，第1415页）

1　江苏省博物馆编：《江苏省明清以来碑刻资料选集》，生活·读书·新知三联书店1959年版，第107页。

2　上海博物馆图书资料室编：《上海碑刻资料选辑》，上海人民出版社1980年版，第312页。

江西崇仁县木匠胡缺仔到福建建安县谋生，住歇胡陇仔饭店内。胡缺仔赴陈观德家做工，因讨取工钱被陈观德用镶铁木棍殴伤身死。从中可知，木匠的日工资是四十文。

又如，陕西襄城县客民杨宗和因被索前欠踢伤徐添赐身死私和案。据尸妻徐宋氏供：

> 已死徐添赐是小妇人男人，四川仪陇县人。公公徐才、婆婆已故。男人胞兄徐添顺，兄弟徐添受都在原籍。嘉庆元年，男人来襄城七里坝木匠生理，四年上娶小妇人为妻，止有一个儿子，五岁了。十年五月里，刘廷江叫男人修盖房子，下欠工钱七百文没还，回同州去了。七月二十八日下午，男人回来，左眼胞有伤，小妇人问说，路过杨宗和门首，遇见刘廷江的堂叔刘添荣，向讨刘廷江欠的工钱，刘添荣不肯认还，争吵，被刘添荣打了一拳。杨宗和偏护刘添荣，他一并叫骂扑打，又被杨宗和踢伤左胁。小妇人看明，与男人调治，不效，到八月初四日下午死了。（《分省辑刊》上册，第580页）

四川仪陇县人徐添赐来到陕西襄城七里坝做木匠为生，还在此娶妻生子，他为刘廷江修盖房子，被欠工钱七百文，向刘廷江堂叔刘添荣讨刘廷江欠的工钱，被拒并挨打致死。

木匠与雇主因承包款发生纠纷。如四川邛州钱泳碌因索钱纠纷伤赵庭拔身死案，嘉庆二十三年十月初四日，据邛州赵月礼等报称：当日，其父赵庭拔因向钱泳碌索分包修桥工趁钱争闹，被钱泳碌砍伤身死。据钱泳碌供：

> 小的名山县人，年四十二岁。父母俱故。弟兄二人，小的行二，没娶妻室。向在邛州木匠营生。与赵庭拔认识没仇。嘉庆二十三年九月间，赵庭拔、寇信敏们承办南河塌浮桥，包与小的修搭，议明工价钱五千文。赵庭拔们当把钱文交给。后来小的转雇木匠彭悰益修搭，止用工价钱三千五百五十文，趁钱一千四百五十文。（《辑刊》第3册，第1886页）

赵庭拔等承担修搭桥梁工程，将工程包给钱泳碌，议明工价钱五千文。钱泳碌转雇木匠彭悰益修搭，止用工价钱三千五百五十文，剩余钱一千四百五十文。赵庭拔得知，要与钱泳碌索要剩余钱文，产生纠纷。木匠钱泳碌四十二岁未婚，有些反常，或许与其经济能力较弱有关。

木匠制作产品售卖，会和买主发生纠纷。如江苏沛县民赵欣木挟嫌砍伤院郗氏等五人致毙二命案，据赵欣木供：

> 小的沛县人，年五十二岁。父母俱故，并无兄弟。

妻李氏，生子赵现。小的向做木匠手艺，因没生意，借住申廷家房屋，就在他家帮工度活。嘉庆六年二月里，小的向申廷借钱二千文做成棺木一口，要售卖赚钱，贴补家用。有素识的院坤，因他妻母病故，向小的买这棺木，讲定价钱三千文，当给钱一千三百文，余约另日归结，屡讨无还。三月里院坤病故，小的向他妻子院郗氏讨过几次，总说无钱，要小的宽缓。到五月初七日小的因有急用又向院郗氏索讨，院郗氏仍要宽缓。小的因他屡次支吾，一时气忿，把他辱骂了一顿，是李明德劝回的。那知初八日院启同院郗氏的儿子院照来寻小的殴打，被申廷搁住，小的躲避屋内，不敢走出。院启们在外喊说，日后见面断不饶让的话，随各走去。雇主申廷见院启们要与小的闹事，不敢留用，当把小的辞出。小的因想欠钱无偿，反被寻殴，雇主又怕连累，把小的辞出，无可度活，实在忿恨不过，起意杀死院启院郗氏们家泄忿。（《分省辑刊》上册，第 170 页）

五十二岁的木匠赵欣木生意惨淡，借住申廷家房屋，靠在他家帮工为生，借钱二千文做成棺木一口，要售卖赚钱，贴补家用，院坤向他买了这棺木，讲定价钱三千文，当给钱一千三百文，余约另日归结。后因赵欣木向院坤妻子索欠，激化矛盾。特别是雇主申廷见院姓家族要与赵欣木闹事，就把赵辞出，导致赵欣木起意杀死院郗氏等。

再如山西襄陵县僧人悟潮致死李思恒案。李思恒木匠生理，据僧悟潮供：

> 僧人是案下赵曲镇人，年三十八岁，父母早故，自幼披剃为僧，向在鱼池村祖师庙住持，与李思恒熟识没仇。嘉庆元年四月里师弟病故，曾向李思恒赊用一口棺木，说定价钱二千文，当给现钱外，下欠五百，原没给还。二年六月初二日，李思恒来庙索讨，僧人就把欠钱清给走去。六月十五日，僧人同李明实、朱高娃都在梁坡村看戏，遇见李思恒向僧人说，旧欠棺木钱文虽已清还，但拖欠日久，逼要僧人加给利钱，僧人不肯，李思恒嚷说如不加利，必叫村中把僧人赶逐出庙，是看戏人拉劝走散。（《分省辑刊》上册，第305页）

无独有偶，这也是一起木匠售卖棺木因买主交款拖延又生出利息问题而导致的纠纷。以上两起案件中的棺木，我们不知采用何种木材，但就价格而言，为二三千文。

木匠师傅往往带徒或找帮手工作，他们之间也会发生纠纷。如四川灌县木匠赵世荣为索工钱殴伤雇主谢洪应身死案，问据赵世荣供：

> 小的灌县人，年二十八岁。平日木匠生理。与死的谢洪应素来认识，并没仇隙。嘉庆十四年四月间，谢洪应请小的在他木匠铺内帮做木工，共欠小的二千四百文工钱。小的讨过几次，总没给还。十五年六月二十四日早，小的又到他铺内讨要，谢洪应反说小的不该逼讨，开口混骂。小的回骂。（《辑刊》第3册，第1419页）

这是木匠与帮工因欠工钱的纠纷，帮工殴伤木匠雇主。

师徒因工钱产生的纠纷。如四川渠县客民贾克配因索欠戳伤廖昌文身死案，据贾克配供：

> 小的大足县人，年四十三岁。父母俱故，弟兄五人，小的行四，娶妻吴氏，生有一子。来治下三汇场做雕花木匠生理。与死的廖昌文认识，并没仇隙。嘉庆十五年八月里，廖昌文的兄弟廖昌玉拜从小的学习雕匠。到十一月里，廖昌文叫他兄弟回去，把一张木桌抵还小的饭钱五百文。小的仍把桌子托他变卖。十六年正月初七日点灯后，小的查知廖昌文已把桌子

卖与何麻子了，就走到廖昌文家向他要钱。廖昌文说他钱已用去，缓日给还。小的原村了他几句，廖昌文不服口里混骂。（《辑刊》第 2 册，第 898 页）

大足县人贾克配来到渠县三汇场做雕花木匠，廖昌玉拜他学习雕匠。数月后，廖昌玉辞别，欠师傅的饭钱五百文。贾克配因索讨钱文，发生纠纷。从中推测，雕花木匠需要较难的技艺，所以在师傅处学徒者要向师傅交饭钱。

木匠与他人的债务纠纷

木匠的生活世界里，在与他人的交往中也会产生纠纷，从中折射出木匠的日常生活。

直隶朝阳县民人霍信扎伤蒙古妇人乌拉塔那身死一案，有锡勒土喇嘛庙庄头王兆顺告称，乾隆六十年（1795 年）十一月十一日晚，民人霍信饮醉，至他家索讨欠钱，经他留饭，令其妻乌拉塔那盛饭，其妻含忿盛汤蹲放火盆沿上，霍信嗔怒，将汤泼洒，其妻不依，拉住霍信衣服詈骂，被霍信用刀扎伤身死。据霍信供：他是临榆县人，今年二十一岁，向在库伦旗西尔巴营子做木匠生理。（《分省辑刊》上册，第 11 页）王兆顺从姓名看应当是汉族，娶妻蒙古族，他欠外地木匠霍信的钱，因被索欠，本欲化解纠纷，其妻不满索欠者，导致意外发生。

有的木匠为兄弟家修理门窗时，和亲戚产生纠纷。如直隶宣化县民种光林因债务纠纷砍死姨表兄高祥案，据种光林供：

> 小的是宣化县人，年三十五岁。父亲种才广，母亲张氏，兄弟种光元、光全。小的向做木匠生理。已死高祥是小的姨表兄，在兄弟种光全家做工。小的合他和好没嫌。嘉庆十四年七月里，高祥借用小的大钱二千五百文，屡讨没还。十五年七月初三日，小的在兄弟种光全地房里修理门扇，又向他讨要。高祥嗔小的催逼，混骂了几句，就出去了。小的当时并没合他计较，到晚上高祥回来，兄弟种光全留小的住宿。高祥合兄弟种光全睡在屋里，小的合姊丈范景秀因天气暑热睡在房顶上。到四更多天，下起雨来，同范景秀下房点灯。范景秀先睡，小的坐着吃烟，因见高祥已醒，想起日里被高祥辱骂，向他理论。高祥不服，又向小的混骂，还要起来合小的拼命。小的因高祥不还钱文，反向辱骂，一时起意把他杀死，就顺手拿了铁锛在高祥头脸上连砍了几下，把他颔颊、咽喉、左耳

垂、项颈砍伤，高祥就气绝死了。（《辑刊》第 1 册，第 444—445 页）

木匠种光林在兄弟种光全家做木工活，姨表兄高祥也在种光全家做工。种光林向高祥索讨其借用的大钱二千五百文，高祥嗔他催逼，产生纠纷，导致命案。

木匠也有欠他人钱产生纠纷的。如直隶蠡县民崔文绳等因索钱纠纷共殴张大兰身死案，据崔文绳供：

> 是蠡县人，年四十三岁。父母已故。女人齐氏，儿子崔大雨。小的向做木匠生理。合已死张大兰邻村认识，没隙。十四年二月里，小的当给张大兰四亩地，当价大钱二十二千五百文。到十七年二月里，小的把地赎回，给过张大兰二十一千四百大钱，下短大钱一千一百文。张大兰屡索没还。（《辑刊》第 2 册，第 671 页）

木匠崔文绳欠张大兰大钱一千一百文，导致纠纷的发生。

再如，河南商水县民栾白因被索欠打死内乡县民谢法案。据栾白供：

> 商水县人，年三十五岁。父亲栾喜，年七十一岁，母亲已故，并没有兄弟妻子。木匠生理，合谢法认识，

素好无嫌隙。嘉庆八年十月初三日，小的借欠谢法钱五百文，说明一月清还，加给利钱五十文。二十七日傍晚，小的拿了木匠器具在外工作，回家合谢法在路上遇见。谢法说小的欠钱每日应给利钱五十文，向小的讨要。小的先还给本钱三百文，央恳情让利钱。谢法不依，强拿木匠器具作抵，小的阻夺，谢法扑打。

（《辑刊》第2册，第832页）

木匠栾白借欠谢法钱五百文未还，并在利息问题上双方看法不一致，导致纠纷的产生。栾白是一位三十五岁未婚、携带工具在外工作的木匠。栾白还向他人借钱，从其经济拮据来看，其工作收入可能微薄。

还有一位中年木匠，也未成婚。如陕西安康县客民吴坤山等共殴谭贵潮身死案，嘉庆二十一年（1816年）八月十六日，据兴安府安康县客民谭贵才投称：本月十二日，胞兄谭贵潮因同詹自明代其堂叔谭仁金催收买定程登魁大漳河山地租籽，被程登魁纠约吴坤山等阻挡。吴坤山等用劈柴木棍殴伤谭贵潮偏左脑后，抬至程登魁家调治，延至下午，谭贵潮因伤身死。据正凶吴坤山供：

年四十三岁，商州人。父母俱故，没有弟兄、妻子。木匠生理。嘉庆六年，来案下大漳河程登魁山

场砍伐木料，合已死谭贵潮素识没嫌。(《辑刊》第
2册，第1004页）

商州木匠吴坤山四十三岁未婚，到安康的山场砍伐木料挣
钱，属于粗木工。

上述砍伐木料的工作，也见于其他木匠。如贵州绥阳
县民田维纪因债务纠纷殴伤缌麻服叔田景名身死私埋匿报
一案，田景名偕刘木匠受雇于武生田维屏在山锯树。(《分
省辑刊》下册，第1459页）

木匠的工作多样。广东肇庆府罗定州陈武典，乾隆
十六年（1751年）十一月初九日，"到仓馆里雇木匠李翰
升、曾亚八修整仓板"。(《形态》下册，第758页）

木匠的家庭及其多样生活

木匠的家庭生活。河南许州民张添幅砍伤其妻刘氏身
死案，据张添幅供：

> 原籍长葛县人，迁居许州尤家庄十多年了。年
> 三十九岁，木匠生理。已死刘氏是小的女人，平日和
> 好。小的合王彦前后院居住，各门出入。嘉庆六年五
> 月十七日，小的出外做活，到晌午时带了铁斧回家吃

饭。女人在王彦院内合王彦女人王宋氏吵骂。小的过去查问，王宋氏说他家不见小鸡，往小的家找寻，见有毛片相像的一只鸡，拿了回来，女人赶去不依，因此争吵。小的认明鸡只实是小的家的，王宋氏当即退还。那时女人只管辱骂，小的把他村斥，女人生气，反说小的帮护外人，不替他出气，撒泼起来，把小的混骂，小的回骂。女人侧身用头撞来，小的顺取腰间斧子吓砍他一下，适伤他右耳根连耳轮倒地。不想女人伤重，过了一会死了。（《分省辑刊》上册，第484—485页）

长葛县人张添幅迁居许州尤家庄十多年，依靠木匠为生，与王彦前后院居住。其妻与王彦女人王宋氏吵骂，他责管妻子，被其妻认为他帮护外人，而遭到撒泼混骂，顺取腰间斧子吓砍，误伤妻子，造成身亡。

四川清溪县民人蒋仕陇殴伤王守荣身死案，据蒋仕陇供：

小的清溪县人，年四十岁，木匠营生。与王守荣素识无嫌。嘉庆四年正月内小的原配妻子死了，有已故任寅先的妻子张氏，带他故夫遗留房产，凭媒招小的为夫。王守荣常来向小的说，任寅先在日曾欠他空地工银二两八钱、芋麦一石的话。小的因是妻子前夫的事，并没凭据，妻子又说不知实在，小的就没理他。六年四月十一日，小的带了木作器具出外做工，路过王守荣门首，王守荣又向小的索讨，小的骂他骗赖。王守荣就与小的拼命，低头向小的撞来，小的闪避，王守荣误撞在门柱上。王守荣越加气愤，扭住小的胸襟殴打，小的因打他左耳一拳，王守荣总不放手，小的挣扎不脱，就拿腰间带的斧子，用斧脊背打了两下，伤着他左臂膊囟门松手倒地，到二十日死了。（《分省辑刊》下册，第1069页）

王守荣因木匠蒋仕陇之妻前夫任寅先欠其银、谷米未清，向蒋仕陇索讨吵闹，蒋仕陇将王守荣殴伤致其身死。

以上两个案子说明，木匠喜欢将斧子别在腰带里，发生纠纷时，腰间的斧子容易成为凶器。

湖北蒲圻县王氏因奸谋杀亲夫陈日富案，"日富木匠营生，时常外出。乾隆二年（1737年）九月内，日富在山砍木，王氏送饭，途遇素识之程七调戏有情。程七素业裁缝，时至日富家缝衣，遂于乾隆三年（1738年）九月初二日成奸。迨后，眷恋日深，往来无忌。于是年十二月二十日，王氏起意毒死伊夫。"（《选编》，第51页）木匠之妻与裁缝有外遇，谋杀其夫。

兄弟之间的纠纷也有。直隶宝坻县石二砍死胞兄石美含一案，"缘石二与胞兄石美含分居各度，石美含卖面生理，石二并无妻子，向作木匠手艺，懒怠工作，难于过度，向石美含索钱帮助，石美含先曾给与，后石二时向索钱不给，石二即行吵闹，石美含怒其缠扰，石二随心怀怨恨。嘉庆元年（1796年）九月十三日午后，石二因天气寒冷，向石美含索钱置棉衣，石美含仍不肯给，并向村斥，石二与之吵闹，石美含掌殴石二脸上两下，并未成伤，邻人劝散。是晚，石二忆及石美含无弟兄情分，不肯帮助，复厌恶殴打，忿恨莫遏，起意将石美含致死。"（《选编》，第408页）石二虽然是木匠，有一技之长，但因懒怠不能维持生活，兄长不能长期帮助他，于是产生矛盾，发生人间悲剧。

传统农业社会，职业分工并不是非常明确，木匠往往兼营农业。如四川盐源县审解民人喻尔忠砍戳戴洪畛、王添锡身死案，据喻尔忠供：

> 小的乐山县人，三十三岁，早来案下木匠生理。佃王添锡田地耕种，戴洪畛又向小的分佃各耕。小的与戴洪畛、王添锡平素相好，并无仇隙。嘉庆十三年，

众人公举戴洪畛充当牌头。小的因戴洪畛分佃小的田地耕种，若充当牌头，将来怕有官事拖累，把他阻止。戴洪畛回说众人公举的，各自走散。七月初四日，小的带着刀斧做工转回，路上遇着戴洪畛，小的因他不听劝阻，把他斥骂。戴洪畛不服回骂，就用拳向小的打来。（《分省辑刊》下册，第1180页）

乐山县人在盐源县以木匠谋生，还佃田耕种。

结　语

清人日常生活中充满木匠技艺，木匠手艺也是人们重要的谋生手段，木匠作为"打工人"，是清代社会重要的群体。木匠往往在家工作，为乡民服务。也有木匠到外地谋生，开张木匠铺。木匠是流动性较大的职业。到外地的木匠，有的租房作为工作场所，木匠或与房东产生纠纷。江苏宜兴一家木匠店的租金是每年租钱二千五百文，按季支取。木匠也会与雇主因工钱产生纠纷，福建建安县客民胡缺仔的日工资是四十文。木匠与雇主因承包款发生纠纷。木匠制作产品售卖，会和买主发生纠纷。两起案件中的棺木价格，为二三千文。木匠师傅往往带徒或找帮手工作，他们之间也会发生纠纷。四川的事例表明，雕花木匠的学徒者要向师傅交饭钱。木匠与他人的交往中也会产生纠纷，从中折射出木匠的日常生活，可知有些木匠从事修理门窗、砍伐树木的工作。中年木匠未婚者事例有三个，陕西商州木匠吴坤山四十三岁未婚、四川邛州木匠钱泳碌四十二岁未婚、河南商水木匠栾白三十五岁未婚，推测这些木匠可能收入微薄，经济能力有限。已婚木匠的家庭，因一些纠纷折射出生活的多样性。木匠喜欢将斧子别在腰带里，发生纠纷时，腰间的斧子容易成为凶器。传统农业社会，职业分工并不是非常明确，木匠往往兼营农业。

铁　匠

铁器对于人类社会关系重大，继石器时代、青铜时代之后，人类进入铁器时代。中国铁器出现较早，但一般认为汉代才比较普遍使用铁制农具，在中国传统社会铁制品充当着生产、生活用品的主角，铁匠也是传统社会重要的职业。就清代而言，作为中国传统社会的最后朝代，从事铁匠职业工作的情况如何？人们使用什么铁制的生产、生活用品？铁在日常生活中如何串联起人与社会？这样的思考与研究似乎并不多见，清朝的刑科题本记录的命案，铁器以其大量存在以及坚硬的特性，往往成为凶器出现，命案出现的生活场景中也往往出现铁器，甚至部分命案的当事人就是铁匠，为我们研究铁匠、铁器与铁生活提供了珍贵而丰富的资料。借助这些资料，或许我们才能较为全面地认识铁器时代。

铁匠铺与铁匠

刑科题本中涉案的铁匠反映出铁匠的人际纠纷，有一些是围绕铁匠铺展开的。铁匠一般开铺经营，打造生产、生活用品发卖，也为人改造铁器。

四川的铁匠事例有三，大致反映了铁匠的业务范围。一是灌县民冠洪瑄因买屠刀欠钱事致死邻人饶洪元案，据冠洪瑄供："小的灌县人，年三十岁，平日铁匠生理，与死的饶洪元素识无仇。嘉庆九年（1804年）十月间，饶洪元向小的买去屠刀一把，欠我铜钱四十文，总没给还。十二月二十八日上午，小的拿了菜刀一把赴柳街场变卖，撞遇饶洪元，又向讨要。"（《辑刊》第2册，第571页）铁匠冠洪瑄售卖屠刀、菜刀。

二是长寿县民程莱沅因索欠殴伤乡邻江文德身死案。据程莱沅供："小的长寿县人，年四十四岁。父亲早故，母亲王氏现年七十八岁。弟兄二人，小的居长，生有子女。平日打铁生理，与死的江文德素识无仇。嘉庆二十一年二月间，江文德向小的赊去铁锄一把，说明价钱一百二十文，下月就送还的，以后屡次催讨，总没付给。"（《辑刊》第

2册，第709页）该例则是售卖农具铁锄，可知一把铁锄价钱一百二十文。

三是屏山县客民陈文榜因索讨耕牛打死胞兄案，据陈文榜供，他是湖南新宁县人，年五十九岁，自幼来川居住，嘉庆九年正月三十日，"小的拿了一把矛枪头去到铁匠铺里改造菜刀，走到茨笋沟地方撞遇哥子，小的说要耕种田地，催他买牛，哥子反说小的不该催逼，叫骂起来，小的分辩，哥子就用拄路竹棒打了小的左额角一下，小的顺用矛枪头格伤他上唇吻"。（《辑刊》第1册，第62—63页）陈文榜拿了一把矛枪头去铁匠铺里改造菜刀，路上却用矛枪头伤人。

上述铁匠的业务中，也透露出修造铁器的品种，其中有农具铁锄、做饭用具菜刀、屠宰工具屠刀、防卫武器矛枪，本节下文还将出现镰刀、小刀，总之铁器品种是比较丰富的。

铁匠铺往往需要帮工，雇主与帮工又是产生纠纷的一组人际关系。如甘肃敦煌县铁器铺老板史禄林被雇工史廷芝打死案，史禄林是陕西大荔县人，在赫池沟开铁器铺，史廷芝、金自俊同去他铺置打造铁器。据史廷芝供：

> 是陕西大荔县人，年二十六岁，家有父亲史举

年，五十八岁，母亲兰氏，年五十六岁，并没兄弟妻子，平日铁匠生理，与已死史禄林同姓不宗。乾隆六十年十二月内小的来到案下，在史禄林铁铺帮同打造铁器，说定每月工价大钱两千文。与史禄林伙计称呼，并没仇隙。嘉庆元年二月十四日史禄林又雇金自俊在铺帮工，十七日史禄林去外收账，嘱托小的经管账目。自他走后，小的缺少钱用，在卖下货钱内支取过工钱一千二百文，金自俊向小的支过工钱二千三百文，小的都在账簿内登记，四月十三日史禄林回来，小的就把账簿往他查看，史禄林嗔小的们不该擅自支钱，出言斥骂，小的合他口角。（《分省辑刊》上册，第632页）

史廷芝在史禄林铁铺帮工，每月工价大钱两千文，因史廷芝管账私自支取工钱，双方发生矛盾。

再如，河南永城县薛会畛因工钱纠纷被客民王住扎伤身死案，薛会畛"开铁匠铺生理，雇王住在铺帮工"。（《分省辑刊》上册，第632页）据王住供："安徽亳州人，年三十岁。父亲已故。母亲任氏，年七十五岁。哥子王年。并没妻子，打铁度日。合薛会畛平日交好，没有嫌隙。嘉庆十六年（1811年）正月内，小的雇给薛会畛帮打铁器，并没主仆名分，每年工钱十二千文。小的陆续支过钱二千二百文。五月初五日午后，小的因有急用，向薛会畛支取工钱，薛会畛没钱央缓。小的不肯，彼此争吵。薛会畛用屠刀砍伤小的额颅，小的夺过刀子回扎他左肋两下。"（《辑刊》第2册，第911—912页）王住在薛会畛所开铁匠铺帮工，每年工钱十二千文。因预支工钱，铺主与帮工产生纠纷

又如，安徽霍邱县铁匠徐红受被索要工钱之吴椿淋砍伤致死案，据吴椿淋供："年三十四岁，原籍湖北麻城县。父亲吴学孔，年七十五岁，寄住霍邱，已有四十多岁，母亲已故。并无兄弟、妻子。小的与已死徐红受各做铁匠生意，素好无嫌。嘉庆十二年（1807年）正月十六日，徐红受邀小的帮伙，讲定每年工钱七千文，平日同坐共食，彼此平等相称。到四月十四日，小的向徐红受讨要春季工钱，徐红受没给，小的向他逼讨，致相吵骂。"（《辑刊》第3册，第1472页）这也是因预支工钱，导致铺主与帮工产生纠纷。

以上三例中，雇主与帮工关系据刑科题本表面文字略有差别，分别是伙计、帮工、帮伙，除了"伙计称呼"在身份上略显不明确以外，其余两例"并没主仆名分"与"平日同坐共食，彼此平等相称"，身份地位相近。不

过，上述三例年工价相差较大，分别是大钱二十四千文、十二千文、七千文。造成这种差异的原因，估计除了地区经济水平的差异外，其中还包含雇主与帮者不同的关系内涵。

上述四川前两个事例说明，铁匠的产品可以赊欠交费，也因买主索欠，双方产生纠纷。

此外，买主向铁匠要求更换产品，也会发生纠纷。如广西郁林州客民李贵麟因卖刀事戳伤王振智致死案，据李贵麟供："年四十二岁，广东河源县人。父亲已故，母亲曾氏年六十七岁，现在原籍，并无弟兄、妻子。十七年八月内，在原籍来至郁林州开铁匠店生理。与已死的王振智向不认识，并没仇隙。嘉庆十八年（1813年）八月十九日王相潮在小的店内用钱一百二十文买了镰刀一把。二十二日，王振智来店说刀钝，要换好刀。小的见刀已用过，不肯换给。两下争闹，王振智就用掌批小的腮颊，小的顺拾店内摆卖小刀将他划伤。"（《辑刊》第2册，第970页）这是因更换镰刀店主与购买者的纠纷。

有的铁匠铺租房为工作场所，会和房东因房租产生纠纷。如江西宁都州民妇宁叶氏因索要房租踢伤陈佩玉身死案，据宁叶氏供："宁都州人，年四十三岁，嫁与宁明发为妻，生有两子。与已死陈佩玉素无嫌隙。丈夫有房屋七间，向来租与陈佩玉开张铁匠铺，每年租钱十五千文。陈佩玉拖欠租钱十七千文，屡讨不还。嘉庆二十五年（1820年）四月二十四日，丈夫外出工作，小妇人因家内需钱使用，又到陈佩玉店内催讨。陈佩玉央缓，小妇人不依，致相争闹。"（《辑刊》第2册，第1117页）

铁匠铺之间有帮助，也生纠纷。如贵州遵义县民人傅志彦戳伤刘吴氏越二十三日身死案，尸子刘豫年二十五岁，父亲早故，向来铁匠生理。母亲因自家炉座损坏，向寨邻傅志彦家借用烧铁的炉，把他炉底烧缺一块，产生纠纷。据傅志彦供："年四十三岁，是桐梓县人，在遵义县地方居住。父亲傅洪爵，现年七十三岁，母亲曹氏，现年七十一岁，弟兄四人，小的行二。娶妻曹氏，生有一子。与刘吴氏邻寨居住，素识无嫌。小的做铁匠生理，置有泥炉一座。嘉庆十四年正月内，吴氏向小的借炉烧铁熔铸铧口。二月初四日早饭后，小的到刘吴家闲坐见炉底烧缺一块，要他赔偿。刘吴氏赖说炉底本来破损，不肯认赔。小的与他争论嚷闹，他儿子刘豫说炉价所值无多，不该混闹，反说小的不是。"（《分省辑刊》下册，第1515页）导致相互斗殴的发生。

铁匠铺内部也有纠纷。如四川巴县黄富贵因口角殴伤林幸芳身死案，合州人林荣辉在重庆开铁铺生理。死的林幸芳是其次子，铜梁县人黄富贵帮林荣辉铁铺打铁，同坐共食，平等称呼。嘉庆十三年正月二十八日，黄富贵同林幸芳在潘添和店中吃酒，共欠钱六十二文，林幸芳把他的玉戒指抵押潘添和酒钱。二十九日，林幸芳的胞兄林东山又约黄富贵到潘添和店内吃酒，也没有带钱，就在林幸芳的玉戒指上加押钱五十六文。黄富贵同林东山回去向林幸芳告知，林幸芳不依，发生斗殴。（《分省辑刊》下册，第1165页）

铁匠也有其他经济行为。如奉天承德县旗人吴全住因田地转佃殴毙旗人扎布京阿案。据吴铁匠供："（嘉庆）二十四年（1819年）十一月里，有赵常住有地找人耕种，小的合他讲明给钱租下。二十五年正月底，赵常住拿钱到小的家说，他租给小的的地转典给吴全住了，把原受小的租价交小的收下。小的因吴全住接典小的已经租下地亩，心想合他不依，原是有的。"（《辑刊》第3册，第1665页）这位吴铁匠也租地谋生。

有的刑科题本会提到铁匠。如直隶顺义县民王汉等共殴致伤苏进才身死案，据王汉供："小的是三河县曹家庄人，今年二十六岁。家有祖父王大，今年八十三岁。父亲死故，母亲张氏今年四十五岁。并没伯叔弟妻子，只有一个嫡堂兄弟俊儿，今年十七岁了。小的一向铁匠手艺，合宋六平日相好。"（《分省辑刊》上册，第76页）又如黑龙江呼兰城旗民讷楞保因被催上工殴伤莫尔根岱身死案，色布清额供："我系镶白旗伊里善佐领下铁匠，与我叔叔莫尔根岱同居过度。讷楞保（嘉庆）十年、十一年（1806年）俱在我们家佣工。"（《分省辑刊》上册，第155页）遗憾的是资料并没有显示有关铁匠更有价值的信息。

值得注意的是，以上13个铁匠案例中，有5例提到中青年铁匠未婚，如陕西大荔县人史廷芝年二十六岁，安徽亳州人王住年三十岁，湖北麻城县人吴椿淋年三十四岁，广东河源县人李贵麟年四十二岁，直隶三河县人王汉二十六岁。5例中有3例三四十岁者未婚，岁数较大，在婚龄较低的清代，看来铁匠的婚姻也有一定难度。

铁器的产销

铁器的生产、销售也在刑科题本有所反映。

关于铁厂，四川洪雅县客民唐泽雷因债务纠纷致死刘新楠案，问据唐泽雷供："小的犍为县人，年三十岁。嘉庆六年（1801年）来案下山梯党地方开铁厂生理。与死的刘新楠向来认识，并没仇隙。嘉庆十六年三月二十二日，小的没炭烧铁，向刘新楠赊买木炭三百斤，说明十日内还钱。小的没有还他。"（《辑刊》第 3 册，第 1804 页）犍为县唐泽雷到洪雅县开铁厂，用炭烧铁。

还有从事卖铁生意的。四川铜梁县民人周讟因债务纠纷戳伤小功堂兄周譔身死案，据周讟供："小的铜梁县人，年三十八岁。周譔是小的同曾祖小功堂兄，向来和好，并没仇隙。嘉庆二年（1797 年），小的与周譔伙卖铁斤生理，后来分伙算账，小的该找周譔钱五千九百文。"（《分省辑刊》下册，第 1055 页）堂兄弟周讟、周譔伙卖铁斤，有可能是贩卖一般性的铁块，用于加工各种铁器。

也有收买铁铸成铁器售卖的。如山东昌邑县民王小豹因索欠打死隋加爵案，据尸子隋奉初供："父亲平日并没仇人，只本年四月间，父亲合王小豹、滕来贵各出本钱收买废铁铸镶售卖。"（《辑刊》第 2 册，第 545 页）

四川除了上述开铁厂、卖铁斤之外，还有铁货厂。四川南江县民人张明即孟允开因雇主被索欠银殴伤毛世泰身死案，问据张明即孟允开供："小的南江县人，年二十二岁。父亲孟顺德，乾隆六十年上死了。母亲赵氏，现年六十五岁。并没弟兄、妻室。向在李荣铁货厂帮工，与毛世泰认识无仇。嘉庆十一年三月二十二日，毛世泰、毛世畛来向李荣索讨欠银。李荣没银，央缓，毛世泰不依，要把李荣厂上的铁拿去作抵，小的同梁大用向他劝阻，毛世泰、毛世畛斥骂小的们多管。"（《分省辑刊》下册，第1101页）李荣开铁货厂，雇有帮工。铁货厂，顾名思义当是铁器厂。

贵州的事例也说明铁货生意是贩卖铁器。如贵筑县民杨先法因被索前欠戳伤陈多士身死案，据尸仵陈德学供，堂叔陈多士原籍湖南邵阳县，同来贵州卖杂货生理。据杨先法供：

> 小的年二十五岁，是贵筑县人。父故母存，弟兄三人小的行二。娶妻余氏，只生一女。在陇场地方开铁货生理。与已死陈多士向来认识，并没嫌隙。嘉庆二年四月里，陈多士向小的定打剪刀五十把，交过份银七钱五分，陆续给了他四十九把，下欠一把。陈多士来讨过几次，小的因生意正忙没有打起。到五月初十日，陈多士同他堂侄陈德学又来索讨，小的回覆再缓几天才有，陈多士说小的有意措骗，开口混骂。"（《分省辑刊》下册，第1464页）

杨先法开铁货生理，他人向他定打剪刀五十把，数量较大。

当时有的工厂对于铁制品的用量也较大。如直隶朝阳县客民杨继富因归还铁锅事争斗将雇工砍伤致死案，县属奈曼旗科勒木乡，临榆县人杨继富开碱场，滦州人曹尚敏、高大发等雇为佣工，"有曾光盛曾将铁锅三十口给杨继富熬碱应用，言明获利作二厘股"。（《辑刊》第3册，第1396页）该碱厂有三十口铁锅熬碱，铁锅用量较大。

还有专门的钉店。江苏常州府无锡县人胡在兴向在浙江乌程县西门开张钉店，与陶七幅、陶应陇、陶开泰弟兄同乡相好。陶开泰三兄弟也在乌程各开钉店。可见这里钉店较多，"陶开泰钉店前系大街，后临官河，设有后门。外有石磡河埠，河面量宽三丈，水深七、八尺不等"。（《辑刊》第2册，第912页）便于运输，专门钉店的集中可能主要是为了批发，不同于零售的百货小店。

以铁为名

铁在人类社会也是一种文化，人们羡慕铁的品格，以之命名，激励品行。人们的衣食住行日常生活也离不开铁制品。刑科题本命案中有关炉具的较多，涉及做饭的锅盆勺、穿戴的烙铁剪刀，锥子也有出现，还有车具、烟袋锅、铁筒、钟磬等其他铁制品。

铁有坚硬刚强的属性，人们用于命名。先看以铁为人名，福建崇安县民吴昌文故杀胞弟移尸图诈吴佬蔡未成案，嘉庆九年十二月，据民人吴佬蔡投称："本月十七日堂侄吴昌文因伊母病故，令胞弟吴铁头到家索找田价。"（《辑刊》第1册，第83页）或许是因为吴铁头的头比较硬而命名的。类似的名字还有，直隶隆平县民张二铁头等轮奸同村人董丑姐案，直隶总督颜检提到张二铁头等人，均籍隶隆平县佣工度日。（《辑刊》第2册，第1044页）此外，陕西长安县民高仁吉因调解他人事将乡邻张江致死案，据高仁吉供词提到，"李铁娃子赶来问明情由"。（《辑刊》第2册，第590页）李铁娃子很有可能是因为幼时身体健壮或被父母寄予强壮之愿而命名的。

名字称为铁某的不少。如河南陕州民姚进宝挟嫌帮殴致死无服族叔姚喜先案，尸妻姚李氏供词提到"姚铁苓"一人。（《辑刊》第1册，第127页）山西榆次县民段梅喜因索欠辱骂韩杜氏致自缢身死案，韩杜氏供词提到"是段铁厮、杨小二进来把段梅喜拉走"。（《辑刊》第2册，第1039页）广西苍梧县船工朱顺苟因索讨工钱殴伤杨玉淋身死案，据朱顺苟供，父亲朱铁鼓，于嘉庆十一年八月内病故。（《辑刊》第2册，第891页）

名字最后一字为铁的也有。如河南渑池县民赵生元因一地两典殴伤聂发吕身死案，据赵生元供："当有聂元均、聂二铁赶到把小的拿住查问。"（《分省辑刊》上册，第

486页）又如河南鹿邑县郭成安因索欠扎伤朱化南因风身死案，档案中提到鹿邑县典史梁铁。（《分省辑刊》上册，第516页）

铁还是姓。如奉天兴京厅客民米如玉索讨借钱砍伤旗人池亮身死案，是舞凤楼大堡居民铁自青报案的。（《辑刊》第3册，第1658页）再如，甘肃西宁府大通县民晁老五因索欠口角扎伤吴麻子身死案，据尸妻吴铁氏供："已死吴麻子是小妇人男人。"（《分省辑刊》上册，第644页）吴铁氏，夫家姓吴，她本姓铁。

铁也用作地名。如大名鼎鼎的铁岭，刑科题本中有奉天铁岭县孙学魁被外乡人张均殴伤身死案。（《辑刊》第2册，第902页）还有很多小地名含有铁字，如直隶元城县民任文观因索讨欠钱用石掷伤黄成身死案，据黄胜林供是本县张铁集人。（《分省辑刊》上册，第16页）四川彭水县民谢荣业因索讨误伤胞伯谢广亮致死案，提到"追至铁林沟地方"。（《辑刊》第1册，第262页）湖南醴陵县民吴汶连因索钱纠纷伤刘耀滢身死案，提到"有地名铁炉冲州"。（《辑刊》第2册，第669页）贵州思州府武生杨芳润因索欠被民杨士美砍伤致死案，提到"杨士美认租小的地名铁占湾山土"。（《辑刊》第3册，第1228页）贵州大定府民吴择善殴伤徐罄远身死案，据吴择善供："父亲吴

上达向龙彭才承买他家地名黑铁山田地为业，议价六十四两。"（《分省辑刊》下册，第1488页）

结 语

铁匠铺、铁匠及铁的产销。清代铁匠一般开铺经营，打造生产、生活用品发卖，也为人改造铁器。铁匠修造铁器的品种有农具铁锄、做饭用具菜刀、屠宰工具屠刀、防卫武器矛枪以及镰刀、小刀，品种比较丰富。铁匠铺往往需要帮工，雇主与帮工的会发生人际纠纷，预支或私支工钱是雇主与帮工矛盾的主要原因。铁匠的产品可以赊欠交费，会有索欠纠纷，还有买主向铁匠要求更换产品的纠纷，铁匠铺租房和房东因房租产生纠纷，铁匠铺之间的纠纷，等等。

铁器的生产、销售反映出铁业较为兴盛，如四川犍为县唐泽雷到洪雅县开铁厂，四川铜梁县人周諲与堂兄周諲从事卖铁斤生意，山东昌邑县民隋加爵、王小豹、滕来贵各出本钱收买废铁铸镬售卖，四川南江县李荣开铁货厂，贵州贵筑县民杨先法做铁货生意一次为他人定打剪刀五十把。贵州的这个事例说明铁制品用量较大，还有直隶临榆县人杨继富在奈曼旗科勒木乡开碱场，曾光盛将铁锅三十口给杨继富熬碱用。此外，江苏无锡县人胡在兴、陶开泰三兄弟在乌程各开钉店，可能从事批发业务。

生产、生活产生文化，铁的坚硬刚强以及物质形态，影响了清人对于人名、地名的命名。

总而言之，在铁制时代的清朝，铁制品不失为观察生活、认识社会的重要途径，由人与铁的关联进入时代，清朝是铁匠活跃的时代，他们是社会的重要组成部分，铁器的生产、销售是重要的经济领域，铁制品充斥于生产、生活的各个领域，认识清人的生活，离不开有关铁的物质文化。

篾　匠

社会史研究离不开探讨各种职业群体，而把握职业群体可从人际关系入手。对于工匠群体而言，其制作过程与产品又是进入其社会关系与生活世界的认识途径，我们从职业、物质文化的视角，对社会史、日常生活史进行新的研究尝试。

自古以来竹子就在以中国南方为主的广大地区生长，且被人们所利用。竹子生长速度快、韧性强、色泽温润，用竹材制成的日用生产、生活用品，具有自然之美。竹子也是重要的建筑材料和燃料，生活中不可或缺。除了一般人生产、生活中取材于竹子外，还有专门从事竹编的艺人，称为"篾匠"，他们使用篾刀等工具，制成日常生活用品乃至艺术品。清朝刑科题本中有关于篾匠的案件，还有一些案件涉及篾物、制篾、篾刀。我将依据收集到的 39 个嘉庆朝刑科题本土地债务类案件，辅以乾隆朝刑科题本的事例，讨论篾匠纠纷以及涉篾问题，从中捕捉篾匠群体以及清人的日常生活与物质文化的关联。

篾匠的日常生活及人际纠纷

篾匠属于能工巧匠，靠技艺为生，或走街串巷，上门服务，或开店揽活与出卖产品。

篾匠开店经营，免不了与邻居的交往。如江苏丹徒县民李谷顺因索欠纠纷殴伤芮世来身死案，据劝证肖文璋供：

> 小的开篾匠店生理。与芮世来、李谷顺邻居认识。嘉庆十三年二月十七日黄昏时分，李谷顺、吕顺、江三先在小的店内闲谈。芮世来随后走来，向李谷顺索讨欠钱。李谷顺恳缓，芮世来不依，两相争骂，芮世来顺拿小的店内木凳向殴，被李谷顺夺过，即用木凳回殴，致伤芮世来偏右倒地。小的同吕顺们劝住，把芮世来扶卧床上。（《分省辑刊》上册，第 193 页）

肖文璋开篾匠店，邻居来店内闲谈发生纠纷，他劝架并见证了这场人祸。

篾匠还将房屋出租他人。四川富顺县民易科文因退佃房屋被房东吴正逵戳伤身死案，据吴正逵供：

> 小的富顺县人，年二十二岁，父死母嫁，弟兄三人，小的居长，没娶妻室。平日篾匠生理，与易科文相好没仇。嘉庆二十一年九月间，小的把房屋一间佃与易科文居住，得过押租钱一千文。二十三年六月初八日，小的拿了铁钻正在门首修补竹筐，见易科文酒醉回归，小的因他时常吃酒滋事，叫他退佃搬移。易科文不依，出言混骂，小的回骂。易科文用拳扑打，小的顺用铁钻戳伤他右额角。（《辑刊》第 2 册，第745 页）

这位篾匠在自家门首修补竹筐，使用的工具有铁钻。他不满租房者酗酒滋事而要求其退租搬离。

有的篾匠租房工作，自然产生与房东的关系。如四川宜宾县张玉熊因房租砍伤房主江应宦致死案，据张玉熊供：

> 小的宜宾县人，年三十四岁，平日做篾匠生理。父亲张光爵现年七十四岁，母亲已死，并无弟兄，娶妻吴氏，生有二子。大儿张长生今年十四岁，小儿子张二娃今年八岁。与已死的江应宦素好无嫌。小的

佃江应宦房屋居住，每年租钱二千一百五十文。嘉庆二十年五月二十五日，小的在家里削篾，江应宦酒醉走来，要小的再加租钱一千文，小的不肯，江应宦开口混骂，小的回骂。江应宦拔出身带尖刀向小的砍来，小的闪过，顺用削篾尖刀砍了他右手腕一下。（《辑刊》第3册，第1856页）

篾匠张玉熊租房，每年租钱二千一百五十文。因房东再加租钱一千文，产生纠纷。

有的案件透露出篾匠的家庭生活。如贵州黔西州民王纯宇因口角事致死邻人李芝富案，据王纯宇供：

小的做篾匠营生，女儿王氏因前夫李廷贵病故，生有一子年幼，带同改嫁黄起泰为妻，将前夫田契带去，想收租抚养前夫儿子。李廷贵的哥子李廷瑞恐怕隐匿他兄弟遗产，投了邻人杨文柏向女儿要回契纸，把田佃与张麻公耕种。嘉庆十年二月三十日中午，小的赶场转回，走过刘二酒店门口，李芝荣在内饮酒，叫小的进去同饮。李芝荣说起女儿王氏藉从前要回田契的事，见李廷瑞已回原籍，要去控告杨文柏们骗吃霸耕，他出来调处，叫杨文柏们帮给女儿银一两五钱，不要告状，两家都允了，银子存在他身上的话。

小的叫李芝荣把银子拿交小的带与女儿。李芝荣怕小的用了，不肯交给。小的斥他小气。……他哥子李芝富……就用柴棒连打小的左肩左腿各一下。小的被打情急，拔出身带削篾尖刀抵格，把他左手划伤。（《辑刊》第 2 册，第 576 页）

篾匠王纯宇女儿前夫的哥哥与其女儿有矛盾，他卷入纠纷当中，出了人命案。

篾匠与他人也有经济往来。如向人借贷，浙江龙泉县民潘乌犬因索欠被田胜仲打死一案，据浙江巡抚阮元疏称：

缘田胜仲原籍东阳，向在龙泉县篾匠营生，与潘乌犬素好无嫌。嘉庆八年六月间，田胜仲借用潘乌犬钱三千文，并未言明利息。嗣经还钱二千八百文，尾欠约俟迟日措还。八月二十三日田胜仲受雇，在毛顶发家修补篾簟，午后潘乌犬往讨尾欠，并索利钱六百文，田胜仲答以尾欠迟日清偿，利钱本未说过，即欲算利亦不应如许之多，向其争论。潘乌犬嚷骂，赶拢扭住田胜仲欲剥衣作抵，田胜仲斥其诈赖，潘乌犬掌批田胜仲腮颊，田胜仲顺用篾刀抵格致伤其偏右，潘乌犬仍扭衣不放，用头向撞，声言拼命。田胜仲情急复用刀吓砍，潘乌犬撞拢势猛，适伤其囟门倒地。

（《辑刊》第 2 册，第 826 页）

篾匠田胜仲受雇上门为人修补篾篁，因他借用潘乌犬钱
三千文，潘乌犬往讨尾欠，并索利钱六百文，产生纠纷。

再如向他人典地。陕西安康县客民淡开礼殴伤舒庭幅
身死案，据淡开礼供：

> 年二十八岁，湖北蒲圻县人。父亲已故，母亲舒
> 氏现年七十岁，并没兄弟，也没娶妻。来案下篾匠营
> 生，时常寄银回家养母。小的与已死舒庭幅素识无嫌。
> 嘉庆十三年十月内，宋咏盛把山地一分典与小的为业，
> 给过典价园丝银十四两。地仍宋咏盛耕种，每年给小
> 的包谷一石四斗，立有字约。小的就往凤县贸易去了。
> 十四年十一月初间，回来听说宋咏盛把典与小的地重
> 复典与知情的舒庭幅了，小的当寻宋咏盛、舒庭幅讲
> 理没遇。十七日，小的出外寻工，路遇舒庭幅说他偷
> 典宋咏盛山地，宋咏盛拖欠谷租要他认还。舒庭幅不
> 肯，小的斥他不该偷典。……一时情急，顺拔腰带篾
> 刀向上吓戳。（《辑刊》第 2 册，第 866 页）

淡开礼是从湖北蒲圻县到陕西安康县做营生的篾匠，从其
时常寄银回家看，收入不错，他还典地扩大经济，因不满

已典地被重典，争闹中伤人致死。

有的篾匠参与了群殴案件。如贵州仁怀县民赵正爵等因阻拦埋葬共殴戳伤陈子安身死案，据共殴人赵正甫供："年二十岁，向来篾匠生理。……小的顺拔身带劈篾刀，用刀背回打他额颅一下。"（《分省辑刊》下册，第1520页）作为共殴人，赵正甫被判杖一百折责。

有的手艺具有综合性，其中包括篾艺。如安徽桐城县民夏德兴因口角扎死朱在宽案，据安徽巡抚康绍镛疏称：

> 缘夏德兴籍隶桐城县，向做灯笼手艺。与朱在宽同保居住，素好无嫌。朱在宽开灯笼店生理。嘉庆二十一年九月十七日傍晚，夏德兴在门前持刀劈篾，朱在宽走至，邀赴茶馆饮茶。夏德兴允从，顺将刀插在腰边，同至鲍小茶馆吃茶。朱在宽言及生意甚忙，约令夏德兴帮伊工作。夏德兴因自己亦有生意，并忆及从前曾帮朱在宽做工，尚欠工钱未清，当以无暇回复。朱在宽以夏德兴无交情，出言村斥，夏德兴回詈。朱在宽即揪住夏德兴衣领欲殴，夏德兴挣不脱身，一时情急，顺拔身带小刀吓戳，适伤朱在宽左乳倒地。（《辑刊》第3册，第1870—1871页）

夏德兴是位灯笼匠，灯笼手艺中需要用竹篾成型为胎，也需要竹艺，他的邻居是开灯笼店的朱在宽。朱的生意很好，请他做工帮忙。由于从前夏德兴曾在朱在宽店里打工被欠工钱，于是夏拒绝了朱的邀请，夏朱发生纠纷，夏伤人致死。

刑案所见竹编器物

上一节涉及浙江龙泉篾匠上门为人修补篾簟，所谓"篾簟（diàn）"，就是竹篾编的席子，供坐卧用，是人们的日常生活用品。还有两个案件出现了篾簟。如湖南巴陵县客民江怀敬因索鸭不遂刀伤胞叔江胡沅身死案，据江怀敬供："年四十三岁，浏阳县人，寄居巴陵县。……江胡沅不依，将小的家篾簟、鸭只拿去挟制父亲佃田。"（《辑刊》第 1 册，第 394 页）看来篾簟和鸭只算是两件值钱之物。又如浙江奉化县民张角弓等因口角共殴邻居舒董氏身死案，张角弓在族婶张董氏家佣工，与张董氏堂妹舒董氏素识无嫌。舒董氏夫亡再醮，遗有长子舒有法年幼无依，经张董氏同夫张显旺收养长成，并将义女徐铃姐许给为妻，写有婚书。舒董氏后夫又故，带同次子舒正佑来依长子舒有法养赡。张董氏将附近空屋一间借给舒董氏母子居住。一切床帐什物亦皆借用，相待甚厚。后因产生矛盾，张董氏嗔舒董氏母子昧了良心，带同工人张角弓等索还住屋什物，不容舒董氏母子居住。“张董氏站在门外，令张角弓等进内搬拿什物，张显高拿出食锅两口，张阿团背桌子欲走。舒董氏已从地上爬起赶入屋内将桌夺下，张阿团顺拾柴棒殴舒董氏左手腕两下，将桌背出，复转至搁下篾簟，并搬取竹栅。正欲下梯，舒董氏站立梯边叫骂，张阿团即用栅上竹片殴伤舒董氏偏左，舒董氏将梯摇扯，张阿团致堕跌，复用竹片殴其囟门。”（《辑刊》第2册，第1038页）可知索还什物中有锅、桌子、篾簟、竹栅，篾簟是重要物品之一。以上两案中都出现篾簟，说明该物是南方人家中常备甚至是必备之物，生活中难以离开。

“篾䉗”，即竹制拉船的纤绳，则是一种使用较为广泛的物品。浙江湖州府归安县萧士葵推跌邱明斯身死一案，据顾明山、顾凤忝供：

> 小的们摇船为业。嘉庆十四年二月十五日，有倪恒泰竹行帮伙邱明斯雇船装载篾䉗四十捆，要到南浔交卸，正欲开行。运丁萧士葵赶到船上，说他定买篾䉗过期不交，要把船内篾䉗发去。（《分省辑刊》上册，第733页）

这一案件涉及竹行雇船装载篾䉗四十捆，要到南浔交卸，顾明山、顾凤乔摇船为业承揽这一业务。另有运丁萧士葵，定买篾簹过期不交，要把船内篾簹发去，于是产生纠纷。归安县是湖州府的附郭县，此案似乎是发生在湖州城，交货地点是著名商业市镇南浔。关于萧士葵以及所定货物情况，据萧士葵供：

> （衢州府）西安县人，年三十岁，父母俱故，有妻方氏，并没儿女，充当金衢所运丁，与倪恒泰竹行帮伙邱明斯素识无嫌。嘉庆十四年正月二十日，小的向邱明斯定买篾簹一百二十圈，共银三十五千，约定二月初五日交货。先付洋钱十元余，约发货找清，过期不交。小的因粮船已开，急欲取簹。二月十五日到行催取，邱明斯回说货未齐全，见他先把客篾簹装运下船，就要开行。小的赶到船内截留，要把他现发篾簹让小的先发，邱明斯不允。（《分省辑刊》上册，第734页）

订货人是负责漕运的金衢所运丁，货物量较大，想必是金衢所公家订的货。也可见篾簹是比较紧俏的商品。篾簹用"圈"作为计量单位，说明是一种比较粗的绳索。

篾簹在四川使用较多。如四川巴县客民刘之经等因工钱纠纷共殴雷狗子身死案，问据刘之经供：

小的开县人，年三十六岁。在案下开饭铺生理。与死的雷狗子素来认识，并没仇隙。嘉庆十五年六月初十日，有认识的船户张明运载客货来渝，小的举荐雷狗子到张明船上推桡，议明工钱一千文，张明当给工钱八百五十文。下午时候，雷狗子吃酒醉了，说张明船上饭食不好，不肯同去。张明向小的告知，小的叫雷狗子退还工钱，雷狗子说缓日给还。小的不依。他说小的追逼，口里混骂，小的回骂。雷狗子扑向小的殴打，小的顺拾船上篾纤缆打他左右臂膊、左眼角三下。（《辑刊》第 2 册，第 877—878 页）

该船上使用篾纤缆。口供中提到的"推桡"，就是船前架桡，桡工下水推桡，上水拉纤，多为临时雇用。再如，四川合州监生刘占甲等殴伤索找田价之刘肇基身死案，据刘占甲即刘先科供："刘肇基口里乱骂，监生找了一根篾索，叫儿子刘贤进、侄子刘贤品、刘贤升把刘肇基手脚捆缚。"（《辑刊》第 3 册，第 1223 页）篾索，当是竹制绳子。又，乾隆四十四年（1779 年）正月初六日，董学孝欲嫁卖妻子，胞兄董学贤将其打晕，父亲"董奇荣怒其忤逆，拾取篾索套项拖拉，欲行勒死除害"。（《选编》，第 216 页）可见四川使用篾索较为普遍。用于捆绑手脚的篾索，应是较细的绳索。以上诸多事例出现篾簩，说明它是生产以及生活中重要的物品。

四川人使用竹子用途较为广泛。崇庆州民程世尧因折棚篾笆殴伤刘相顺身死案，据程世尧供：

> 小的崇庆州人，年四十七岁。小的自幼左脚残废，家里穷苦，在祖坟地上搭棚居住，与死的刘相顺同伙讨吃，素好没仇。嘉庆十二年八月初五日下午，刘相顺讨得黄豆一碗，回到棚内。因没柴煮豆，就把小的棚上篾笆折了。小的村斥他不是，刘相顺不依，口里混骂，小的回骂，刘相顺扑拢打来，小的顺用挂路木棍打去，不料伤着他囟门近左，倒地，到初六日死了。
>
> （《分省辑刊》下册，第1147页）

南方穷苦百姓扎竹棚居住较为普遍，特别是山区开发地区，有大量"棚民"，即是因住竹棚得名的。这个事例说明篾笆是棚子的构件，搭棚的材料为竹子。

竹制箩筐篓等盛具也被广泛使用。如湖南武冈州民程学兴因口角打死僧慧远案，据程学兴供：

> 年三十六岁，武冈州人。父母俱故，并无兄弟、妻子。嘉庆四年正月十四日，张一庭引荐小的与僧慧

远挑担，议定工钱一百八十文，同坐同吃你我相称，并无主仆名分。十九日，僧慧远缺少盘费，向小的借去棉被一床，当钱三百六十文。二十日早清还饭钱出店，小的挑了篾箩一路上与他共被睡宿。（《辑刊》第3册，第1123页）

湖南人程学兴的挑担是篾箩。箩可自制，乾隆三十三年（1768年）江苏常州府金匮县佃农"张廷华坐在中间屋里矮凳上编做竹箩"（《斗争》下册，第650页）。

再如，福建建阳县民妇雷江氏勒死夫侄雷长子图赖江千仔未成案，据雷江氏供：

年四十三岁，建阳县人，雷安是小妇人丈夫。已死雷长子是丈夫胞侄，年只十岁。他父母俱故，向患痨症，依靠丈夫度日。嘉庆十二年间，丈夫种茶发卖，陆续赊欠江千仔篾篓钱九千八百文未还。（《分省辑刊》下册，第1284页）

看来篾篓是用来装茶叶发卖用的。

又如，贵州兴义府回民瓦添爵因被索欠主使工人郑富贵殴伤老罗身死案，据瓦添爵供：

本年五月间，栽秧农忙，小的雇老罗家来家帮工，每日议定工钱三十文，是暂雇，并无主仆名分。老罗做工两日，因病辞出，小的给过工钱三十文，下欠三十文未给。六月二十二日傍晚，老罗挑着篾筐来讨下欠工钱，小的因钱不凑手，叫他次日来取。（《分省辑刊》下册，第1497页）

老罗挑着篾筐来讨工钱。

此外，还有竹床。乾隆四十六年（1781年）六月，湖北麻城县"雷远仰卧竹床"（《选编》，第278页），被人勒死。

篾的生活世界

南方人的生活、生产中，竹子其实就是伴生物，即使人们不是篾匠，家备篾刀，加工竹子，做器烧柴，十分普遍。许多刑案发生时，正处于人们劈篾干活过程中，因此篾刀就成了凶器。下面分省予以介绍：

四川的事例多达7个。劈篾的地点有的在院坝，如巴州民雷春吉因口角将其亲侄妻致死案，据雷春吉供：嘉庆九年二月初六日"侄子同杨氏坐在院坝"，他拿了尖刀劈篾，说起日食艰难，要把坟园卖钱用度，叫侄子去找买主，

剃头挑子

此中圖剃頭之圖其人能挑遊於街市之間手拎喚頭串走胡同每到大街將挑放地等來往之人剃臉打辮子剃頭方便之至

剃头

戗剃刀

此中國戧剃刀之圖也 如剃頭舖刀不快找此人戧磨者其刀以為速快方便用

此中國剃頭棚放睡之圖也每日將頭剃完
筋骨痠痛者剃頭的坐於高橙之上其人躺
在剃頭腿上令其推拿其快活無比

剃头放睡

此中國木匠之圖其人家蓋房舍必用此
匠監柱上樑蓋修之工並可成做桌櫈以
切木料活計皆為木匠所用者銷鑿斧鋸
墨線平鉋砫砫木料大小砌之則成物也

抽烟斗的木匠

忙活的木匠

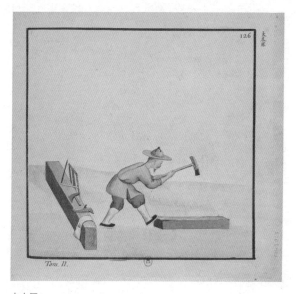

大木匠

铁匠

篾匠

此中國箍桶之圖也其人挑担沿街吆呼箍桶
來有舖家住戶水屋木盆木桶敗漏必教此人
攺什用竹屬子捆好價置若干也

箍桶

做箩斗

做豆腐花

卖豆腐

此中圖挖煤之圖京西裡山有窰出煤窰內漆黑唯行挖煤之時必頭頂油灯方能行走其善費力苦之技多是患魯人所作以為糊口耳

A coal miner

挖煤

煤驮子

煤驮子

卖煤

卖炭

采茶

炒茶

茶叶装桶

水路运输茶叶

茶馆拉水车

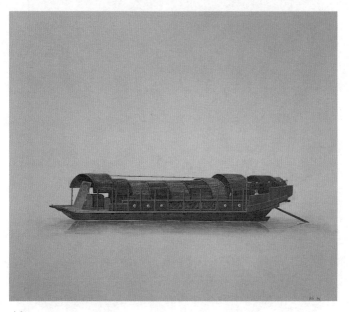

戏船

演奏乐器

侄子不允，他生气要打，侄子就躲开了。杨氏在旁把他斥骂，雷春吉要去打她，杨氏就向其撒泼，雷春吉闪开，顺用劈篾尖刀戳伤杨氏右臀。（《辑刊》第1册，第65页）再如，涪州民人游淙荣致伤游淙洞身死案，嘉庆十七年六月初九日晌午时候，游淙荣歇工回家路过伯父门首进去闲耍，伯父的儿子"游淙洞正在院坝里劈篾"。游淙洞就向游淙荣讨要修坟钱文，游淙荣无钱央缓，游淙洞不依，斥骂游淙荣骗赖，游淙荣回骂，游淙洞顺用劈篾尖刀向游淙荣戳来。（《分省辑刊》下册，第1210页）所谓"院坝"是指房屋前后的平地，较为宽阔，适宜干活。

房屋周围有的设置篱笆。如蒲江县民罗文宣致死堂弟媳罗王氏并误伤婶母罗何氏案，据罗文宣供：

> 小的蒲江县人，年五十岁。罗王氏是小的同祖堂弟罗文伦的妻子，同居各炊，素好无仇。小的与胞叔罗全元分受祖业，房屋、竹园都是以堂屋中间为界，各分一半管业，立有分关。叔子屡次争占小的竹园，都是罗学元劝息的。嘉庆十四年六月十九日下午，妻子陈氏因屋后篱笆坏了，走去砍竹修理。叔子与婶母罗何氏阻止，妻子分辩，叔子就拿木棒把妻子乱打，小的顺拿劈篾尖刀从婶母背后赶拢抵格叔子的木棒。

（《辑刊》第 1 册，第 141 页）

罗文宣为了修理屋后篱笆，在与叔叔有争议的竹园砍竹，引发争斗。也可知，竹园是该家族重要的财产。

劈篾工作常在门首进行。如昭化县民张崇贵因转当土地纠纷戳伤同曾祖堂弟妇张王氏身死案，据张崇贵供：

> 小的昭化县人，年四十八岁。张王氏是小的同曾祖堂弟张崇成的妻子，并没仇隙。嘉庆十三年四月间，小的没钱还给，把山地一块当与白玉作抵。后来，白玉把山地转当与堂弟张崇成耕种。七月初七日早，小的在门首劈柴篾，张王氏挑水走过，说小的当与白玉的山地都是石块，不好栽种，他向白玉退过，白玉要等小的还钱取赎，叫小的就还白玉钱文的话。小的斥他不该替人催逼。张王氏不依，开口混骂，小的回骂。张王氏扑拢撞头拼命，小的情急顺用劈篾尖刀连戳两下。（《辑刊》第 1 册，第 144 页）

"劈柴篾"，说明劈篾是加工燃料。此外，阆中县民王登才因借钱纠纷致死同乡殷全案，据王登才供：

> 小的阆中县人，年三十八岁。向来卖茶生理。与死的殷全素识没仇。嘉庆十五年七月初五日下午，小

的在门首拴捆篾棚，殷全来向小的借钱，小的回复没钱。殷全说小的薄情，口里混骂，小的回骂。殷全就用拳扑向小的打来，小的顺用手内引篾竹扦吓戳一下，不料伤着殷全左前肋倒地，到初六日早死了。（《辑刊》第 2 册，第 617 页）

该例则是在门首拴捆篾棚，凶器为引篾竹扦。

门外也是劈篾的场所。如汉州民人万固太因索讨工钱砍伤缌麻服弟万固瑄案，据万固太供："嘉庆十一年三月间，万固瑄央万固太帮他栽秧，该欠工钱二千七百文，屡讨没还。七月十一日，万固太'在门外用刀劈篾修整篱笆'，万固瑄同他兄弟万固定走过，万固太又向索讨前欠。万固瑄说万固太不该催逼，口里混骂，万固太回骂。万固瑄赶上抢取刀子，万固太把刀夺住，万固瑄用头碰撞，万固太情急，顺用尖刀抵砍伤万固瑄偏左，到二十五日夜因伤死了。"（《分省辑刊》下册，第 1107 页）这是劈篾修整篱笆。再如，简州民谢思智因退佃误伤小功堂侄谢二娃身死案。据署四川总督特清额疏称："时谢思俸手携小刀正在门外削篾，闻声趋至，瞥见伊母李氏被谢登举按地殴打，赶拢拖救。谢登举用脚向踢，谢思俸一时情急，顺用削篾小刀抵戳。"（《辑刊》第 2 册，第 1058 页）削篾也在门外。

湖南。有两起案件发生在门首的劈篾过程中。一是鄜县民孟良朋故杀无服族侄孟秀华身死案，嘉庆十四年九月初四日早，孟良朋"拿刀在门首劈篾"，孟秀华走过复行斥骂，孟良朋回骂。孟秀华用拳殴伤，孟良朋用刀回戳，孟秀华头向右侧，致伤他左耳后。（《辑刊》第 1 册，第 147 页）二是龙山县民李受戳死差役姜威案，嘉庆七年七月初四日下午，李受"站在门首劈篾"，姜威走来说县主催传李田氏控案，叫李受同去投审。李受问知他的姓名，原差是涂贵，怎么换人传唤，姜威答称加差，李受向他索票，姜威没有票子。李受疑是假差把他斥骂，姜威出言回骂并殴打，一面转身拾取地上柴棍。李受恐被殴伤，顺用手内篾刀随势向戳两下。（《辑刊》第 3 册，第 1687 页）

江西。两起案例分别发生在房中院内。定南厅缪善政致死缪黄氏案，嘉庆元年十二月十六日上午，缪善政在院内用刀破篾，适缪钦佐走出院内，缪善政向缪钦佐索讨欠租，缪钦佐恳缓，缪善政不依，致相争闹，缪钦佐举拳向殴，缪善政闪过正要回打，那时媳妇黄氏也在院内洗衣，上前帮护，用洗衣木棒打伤缪善政顶心，缪善政举手内破篾小刀向戳，黄氏转身欲走，致被缪善政戳伤左后肋倒地，到晚死了。（《分省辑刊》下册，第 751 页）长宁县民曹振嗣因与小功堂弟曹燕泷争收祀田租谷被戳伤身死案，嘉庆二十三年，轮应曹燕泷同堂兄曹振嗣公共收租。九月初二日下午，曹燕泷在族兄曹愈幅家闲坐，因烟袋头断落，顺取破篾小刀修整。（《辑刊》第1册，第377页）这是在家中用篾刀修理烟袋头。

浙江。山阴县李阿三因债务纠纷戳伤周金凤身死案，据李阿三供：

> 小的要修补粪担，带了小刀在野竹园削了竹篾一条。小的把刀插在身边，拿了竹篾走回。时已将晚，路过周金凤门首，适周金凤站在门外，向讨前欠。小的恳缓，周金凤不依，辱骂小的，小的回骂。周金凤赶拢，左手抓住小的发辫用力往下揿按，右手用拳打伤小的左肩甲。小的丢弃竹篾，挣扎不脱，一时情急，顺取身带小刀吓戳一下。（《分省辑刊》上册，第714页）

这是在野竹园削了竹篾，回家路上刀伤他人。

福建。诏安县民高盾因工钱伤雇工高胡身死案，是屋后劈篾发生的。嘉庆十八年六月间，高盾雇高胡帮种田园，议定每日工钱八十文。高盾积欠高胡钱八百八十文。七月初二日，高胡前向索讨，高盾母亲高叶氏恳缓，高胡不依混骂。高盾在"屋后劈篾"，闻声赶至，斥责高胡不应吵闹。高胡举拳向打，高盾用力抵格划伤高胡胸膛、心坎。（《辑刊》第3册，第1442页）

广东。阳春县民妇黄邹氏刀砍夫侄误伤伊夫身死案发生在家中，据黄邹氏供，丈夫黄添渭与堂侄黄载崃斗殴中，黄载崃转压丈夫身上，丈夫紧抱黄载崃喊人帮拿，小妇人正在家拿刀劈篾，闻喊出见，怕丈夫吃亏，一时情急赶到黄载崃身右，用刀向黄载崃脑后砍去。（《辑刊》第1册，第114页）

广西。破篾也在院内进行。如平南县民余庭元因潘大方契买其兄田亩未邀其到场争闹戳伤潘大方身死案，嘉庆十六年十一月十一日，潘大方买受哥子自置土名金菊田亩，因潘大方并没邀余庭元到场签名书押，余庭元查知心里不服，到潘大方家理论。潘大方正在"院内用刀破篾"，余庭元斥他当受哥子田亩，如何并不通知。潘大方不依，反骂余庭元多事，两相争闹，潘大方放下刀子，把余庭元推跌倒地，余庭元爬起顺拾刀子在手。（《分省辑刊》下册，第1406页）

贵州。安化县民张添应戳伤梅作贵越一日身死案发生在门首，据张添应供："早年小的将地名岩上田两坵卖与梅作贵为业，应纳粮田分，他不过割，每年梅作贵出钱四十文支给小的合户完纳。嘉庆二十四年，粮钱不见梅作贵送来。十二月十一日，小的正用尖刀在门首削篾，见梅作贵走过，小的向他索要，梅作贵约迟几日送给，小的说现在就要去完，叫他即时交给，梅作贵不依斥骂，小的回骂。梅作贵用拄路木棍向小的打来，小的用手拿削竹尖刀抵格。"（《分省辑刊》下册，第 1526 页）

　　上述四川蒲江县竹园、浙江山阴县野竹园的事例，说明这些地区竹子的资源较为丰富。我们也发现北方个别地方也有竹林，河南商城县人张共礼佃种夏连汉地亩，并代管竹林。乾隆五十七年（1792 年）九月十六日，周碧由夏连汉竹林经过，因狗多聚吠，顺便林旁砍青竹一根，用以吓狗。（《形态》下册，第 747 页）只是这样的事例太少。不过北方的竹子细小，难成竹材，一般供观赏之用。

结　语

　　篾制品在清中叶南方人的生活中占据重要地位，我们通过当时的刑事案件，借助凶器篾刀、篾物、劈篾活动，特别是篾匠的人际关系，进入清人的日常生活，从而对清代社会有所认知。可见，人的日常生活伴随物质文化，人类不能脱离物而独立存在，研究社会，可以从人与物的关系着手。

清中叶篾匠开店经营，免不了与邻居的交往。有的出租，成为房东。有的篾匠租房工作，自然产生与房东的关系。篾匠与他人也有经济往来，如向人的借贷、典地，难免经济纠纷。有的手艺具有综合性，其中包括篾艺，如灯笼匠即是。

刑科题本记载的有关篾物。有"篾簟"，就是竹篾编的席子，供坐卧用；有"篾䉡"，即竹制拉船的纤绳，是一种使用较为广泛的物品；竹制箩筐篓等盛具也广泛使用。为了修篱笆而发生的案子也有两起，还有两起案子与搭棚有关，竹篾都用作材料。南方人生产、生活中离不开篾物。

许多刑案发生时，正处于人们劈篾过程中，因此篾刀就成了凶器。四川的事例表明，劈篾的地点有的在院坝、门首、门外，其他地区也以这些地点为多。居室前后是人们的居住生活区，篾物是重要的日常生活用品，加工竹子是日常行为，日常纠纷出现于此，再正常不过了。而门首、门外不仅是人们的生活区，而且是家庭对外接触的地方，人们在此干活的同时，还可以观察社区情况，增加见闻，与人交流，堪称社会空间。此外，四川、浙江的案例中出现了竹园，还有家、野之别。竹园，是南方人重要的物质资源。

一些刑案的凶器是顺手使用的篾刀。说明日常生活中，经常使用篾刀劈篾，故随身携带，别在腰间备用，可能也为了护身。

嘉庆朝涉及篾的案件以四川最多，除了这里用竹子方便之外，或许由于清代四川是移民社会，社会秩序相对较差，人际纠纷频繁，刑事案件较多，有15例。此外，湖南4例、江西2例、安徽1例、江苏1例、浙江4例、福建2例、广东1例、广西2例、贵州5例以及陕西2例。特别是浙江湖州府归安县竹行售卖"篾簟"的事例，表明浙江是竹篾产业的发达地区。徐珂《清稗类钞》工艺类"竹器之制造"条指出："东南数省以竹器著名者，自江苏之嘉定外，则有湖北之黄州，浙江之永嘉、嵊县、余姚，皆为特别美术。……嘉定不产大竹，其竹购自湖州之梅溪。……嵊县随地产竹，西乡竹工最著名。亦煮热劈丝，用细眼之铁板将丝抽过，丝细如线，圆匀一律，有女工包抽竹丝者，主家计竹征丝，计丝给资，圆径之竹，抽若干丝，有定例，若能加细，其赢得之丝，归女工自得。其丝编成细簟，宛如绸绫，又以墨染丝与白丝相间，织成文字。最著名为水墨龙画，值百金，中等者为文具篮。余姚方桥亦产竹器，而多作匾丝。用两斜面之铁板抽过，丝阔而薄，经风欲飞，文具篮内用木板作墙，傅以编成之簟，如席纹绉纱。"[1]虽然这里主要讲的是晚清的情况，但是以清前中期为基础，仍可反映出清代东南特别是浙江竹制业的状况，可知能工巧匠的中高档工艺品具有艺术性。

有学者指出："到了明清时期，从事竹编行业的手艺人逐渐增多，他们走街串巷，上门加工，被称为'篾匠'。至清代光绪年间，嵊州地区出现了由多位匠人分工合作的、具有一定规模的竹编作坊，手工合作条件下的批量生产促进了工序的进一步精细化，也使工艺水平进一步提高，形成以编制挈篮、考篮、香篮、食篮、鞋篮、珠花篮等细篾竹编器皿为主的特色工艺，远近闻名，产品大部分销往南京、上海、杭州、绍兴一带。"[2]由此可见清中叶以来浙江竹篾行业的发展。

1　徐珂：《清稗类钞》第 5 册，中华书局 1986 年版，第 2412—2413 页。

2　滕晓铂：《"小篾匠"的大情怀：记嵊州竹编艺人吕成》，《装饰》2019 年第 3 期。

豆腐营生

一般认为中国豆腐发明于汉代，孙机先生提出，豆腐发明于西汉淮南王刘安是宋代才提出来的，汉至唐的典籍均未找到有关记载，宋人所著《清异录》大概是最早的史料，豆腐在北宋开始风行。[1] 豆腐是清人重要的食物，豆腐不仅富有营养，而且生吃熟食皆可，加工容易，非常方便，广受欢迎。清代除了开设独立的豆腐铺（房）之外，还有大量与酒店共同开设的店铺，称为豆腐酒店，或简称酒腐店，将生产、出售与食用合一，能够更好地满足市场需求，成为较为新颖的豆腐房或酒店。清乾嘉刑科题本中涉及这些店铺开设、债务的案件较多，有助于我们了解当时围绕

1　孙机：《豆腐问题》，载杨泓、孙机：《寻常的精致》，辽宁教育出版社1996年版。

经济纠纷的社会生活。笔者探讨当时以豆腐为生计的人们店铺开设纠纷、店铺纠纷反映的人际关系以及店铺的公共性，从而认识清人生活的日常性。

店铺开设纠纷与店铺名称

清人饮食生活中，豆腐是重要食品。山东兖州府邹县民周兴贵等谋杀伯母周王氏身死一案，无意中记载了豆腐出现在案件发生的场所，据周兴德供：

> 小的见桌上放有面粉、豆腐同一碗盐，顺便携取，先走出来。兄弟周兴贵把房门掩好，一同走出。被孔玉年撞见查问，兄弟答应了一声，小的并没开口，慌忙走回，把面粉、豆腐分给兄弟一半。小的回到屋里，女人看见面粉、盐、豆腐，向小的盘问，小的把实情告知。女人用言埋怨，小的怕事败露，把豆腐等物吃用，盐碗拿往漫地里撩掉了。委系兄弟周兴贵起意，小的听从加功，并没另有知情同谋的人。（《辑刊》第1册，第21页）

这是在作案现场意外发现豆腐等实物，顺手牵羊，并将豆腐等食用，或许反映出豆腐在生活中比较常见。此外，乾隆四十七年（1782年）六月十九日，贵州程维汉妻子"李氏在厨磨腐"，当是家中磨豆腐。（《选编》，第296页）江西临川县王柏太乾隆十一年（1746年）八月二十一日"讨取卖猪钱贰千文，卖备菜腐，贮于篮内，用扁担挑回"。其中购买了豆腐回家。（《斗争》上册，第225页）

豆腐也出现在一些公共场合。江西新城县民人程楚波致伤小功服兄程荣斌身死案，据程楚波供：

> 新城县人，年三十八岁，父母俱故，兄弟两人，小的居长，并没娶妻。已死程荣斌是小的小功服兄，同屋居住，素睦无嫌。嘉庆十六年八月间，族内秋报演戏酬神，轮派小的管事，曾赊欠何瑞五豆腐钱一百六十文未还。九月十五日黄昏时候，何瑞五来向小的索讨欠钱，小的因没钱央缓，何瑞五应允走回。程荣斌听见说族内公事欠钱，应即清还，斥责小的不该拖延，要人上门索欠。小的用言分辩，程荣斌不依詈骂，致相争闹。（《分省辑刊》下册，第817—818页）

程楚波赊欠族内公事的豆腐钱，应是族内秋报演戏酬神活动中，食用了豆腐。

僧人因修行要求素食，因此特别喜欢吃豆腐。江苏常州府上海县民徐大明殴伤僧能修身死案，据徐大明供："上海县人，年三十岁。父亲徐掌观，年六十九岁，母亲已故，并无弟兄。娶妻陈氏，没有子女。向开豆腐店度日，与仙水庵僧能修并没嫌隙。能修日逐赊欠豆腐钱六百五十文，屡讨未还。"（《分省辑刊》上册，第 183 页）僧人能修一天接着一天地赊欠豆腐钱，看来其每日用餐需要豆腐，欠豆腐钱累计高达六百五十文。

经营豆腐店是清人重要的谋生方式。上述上海县人徐大名就是靠开豆腐店度日，又如安徽宁国府泾县民人凤攀因修祠派费被拒殴伤无服族叔凤捧身死案，据凤祥供："年三十三岁，泾县人。父亲凤考，母亲王氏，哥子凤法。小的开酒腐店度日。"（《分省辑刊》上册，第 249 页）这是开设酒腐店度日。科尔沁蒙古人巴彦仓等将索讨赌债之汉民魏从欣合谋杀死案，案中"豆腐张拿去魏从欣一件蓝布大棉袄"（《辑刊》第 3 册，第 1589 页）。"豆腐张"很可能是指卖豆腐的张姓人。

夫妻经营豆腐买卖也是一种形式。河南光山县张刘氏殴伤其夫张新身死一案，"缘张刘氏与张新做卖豆腐，素相和好。乾隆四十三年（1778 年）九月三十日，张新唤氏帮磨豆腐，因氏来迟，斥其偷懒，刘氏不服回詈"（《选编》，第 219 页），于是发生冲突。

豆腐干是美食，以此为生者也有。浙江台州府黄岩县民人蔡文治殴伤小功服兄蔡文章身死案，据蔡文治供：

> 黄岩县人，年十八岁，父亲蔡成汉，母亲已故。胞伯蔡承迪同伯母程氏身故无后，父亲把小的承继与胞伯为子，仍跟生父与胞兄蔡文海同居。小的没有娶妻，贩卖腐干生理。已死蔡文章是小的共曾祖的哥子，平日和好，并没仇隙。蔡文章同他胞叔蔡正满原住房屋与小的家共院同门，门首有空地一块，两房公共。每逢市集，如有乡间人到地摆卖菜蔬等物，每担收地租钱四五文不等，与蔡正满叔侄分用。乾隆五十五年四月内，蔡文章同蔡正满把房屋连空地卖给父亲管业，门首地租独归父亲收用，与蔡文章叔侄无涉的了。嘉庆五年八、九两月，蔡文章陆续赊欠小的腐干钱八十文，日久不还，小的向讨曾被辱骂，小的怕他凶恶不敢与较。十月二十八日早是市集日期，小的因他旧欠不还不肯赊给，蔡文章不依混骂，还说空地租钱他也有分，可以作抵。小的与他分辩，蔡文章就揪住小的发辫向下搋按，拳殴小的肩甲。小的挣不脱身，一时着急，随势用拳打去，想他松手，不料适伤他肚腹倒地。（《分省辑刊》上册，第 670—671 页）

蔡文治贩卖豆腐干为生，族人欠赊其腐干钱引发纠纷。口供透露出当地市集的情况，蔡姓两房院门前空地为市场，"乡间人到地摆卖菜蔬等物，每担收地租钱四五文不等"。

在嘉庆朝刑科题本有关豆腐店铺的13个名称中，称为"酒腐店"最多，有4例，分布在安徽、江西、湖南、广西（湖南人开设）；"豆腐酒店"2例，分布在湖南、福建，这两种性质相同，可以合在一起，共计6例。"豆腐铺"有3例，分布在直隶2例，山西1例；"豆腐房"有2例，分布在吉林、辽宁，房与铺接近，这两类合在一起5例。有意思的是，豆腐房、铺都在北方，酒腐店、豆腐酒店都在南方。可能上述统计不仅是南北方名称的不同，或许经营也有差别，北方经营较为单一，南方经营较为多样。不过，这也是大概的说法，江苏的2例就较为特殊，1例是常州府宜兴县的"豆腐肉店"，有卖肉业务。店主储会"向张会书的父亲张岳年买得毛猪三只，除付现钱净欠钱七千文，凭中张云明们立有票据，期到本年冬底加利归还"。（《分省辑刊》上册，第176页）还有1例是松江府上海县的"豆腐店"。

如果从北方有的酒铺的经营来看，也同时经营酒与豆腐。如直隶平泉州蒙古族喇嘛波尔格都因债务纠纷致死冯新德案，据冯洛云供：

是深州人，向在蓝旗营房居住。已死冯新德是小的哥子，他在这哈齐沟开酒铺生理。合波尔格都平日认识，并没仇隙。嘉庆十二年九月二十二日，波尔格都在哥子铺里赊了二斤烧酒、二十块豆腐，共该大钱一百八十文，说定第二日给还，小的是知道的。（《辑刊》第 3 册，第 1139 页）

这个酒铺也经营豆腐，如在南方或许也可以称为酒腐店吧。

开张店铺需要场所，这也是引起纠纷的原因。有的利用祖遗房屋，安徽宁国府旌德县民舒魁瑞因口角打死堂嫂案，据舒魁瑞供：

年三十九岁，旌德县人，父亲舒光玟出外教读，母亲汪氏年七十一岁，兄弟三人，吕氏是堂兄舒锜的媳妇，同居无嫌。小的与舒锜有祖遗公共店屋一所，通连住宅，向是小的开张酒腐店生理。嘉庆四年五月十二日，舒锜与小的凭了亲族舒信也们拈分，小的家分受东边半堂，舒锜分受西边半堂，立有字据。（《辑刊》第 1 册，第 5 页）

这家酒腐店是利用祖遗公共店屋开设。

有的租赁房屋。直隶宣化府怀来县民萧远轻因欠钱纠纷伤郝辅身死案，据萧远轻供：

> 小的是案下新保安人，今年三十三岁。母亲已故，父亲萧杰今年五十三岁。并没兄弟、妻子。合这死的郝辅同村相好，并没仇隙。嘉庆五年三月里，小的赁了郝辅家两间房子，开豆腐铺生理。言明每年五千三百三十三个大钱的租价。（《辑刊》第2册，第519页）

是为租赁房屋开设豆腐铺。又，乾隆年间山东济宁州"金大贾卖豆腐营生"，因家无空屋，借林庆长家磨豆腐。（《选编》，第246—247页）

开店铺需要本钱，这也是引起纠纷的原因。山西汾州府临县民雒宗友因利息纠纷殴伤无服族弟雒恭昌身死案，据铺伙即见证薛富俊供：

> 小的向同雒宗友、雒恭昌伙开豆腐铺生理。原议小的合雒宗友各出本钱十千文，雒恭昌在铺照料，不要劳金，所得利息三股均分。雒宗友只出钱八千二百文，短钱一千八百文，应许随后补足，后来雒宗友总没再补。闰六月初六日夜间，小的已经睡下，雒恭昌村斥雒宗友短出本钱，将来仍要按股分账，占了便宜。

雒宗友说他多管，彼此争骂，雒恭昌就用石块打伤雒宗友头上。小的连忙起劝，不料雒宗友已用劈柴把雒恭昌打伤倒地。（《分省辑刊》上册，第306页）

这是三人合资开设豆腐铺，其中两人各出本钱十千文，所得利息三股均分。因其中一人未出够本钱引发纠纷。豆腐铺开设地点在临县雒家庄，雒宗友系汾州府永宁州人。

店铺的人际关系纠纷

上述山西临县的事例是三人合伙经营豆腐铺，合伙经营的事例还有。湖南沅州府芷江县民姚秀兰因索要债务致死无服族嫂案，据姚秀兰供：

年二十八岁，芷江县人，父亲姚名扬，年五十六岁，母亲已故，弟兄两人，小的居长。娶妻吴氏，生有一子。已死姚黄氏是小的无服族嫂，素好无嫌。姚文道是小的同居叔祖，同开豆腐酒店生理。嘉庆八年，姚黄氏的丈夫姚秀松陆续赊欠店账银四两，屡讨未还。九年四月二十六日，小的见姚秀松家有黄母牛一只，牧放屋旁山上，随走去牵回抵欠。姚秀松的妻子苏氏查知走来索还，小的说要姚秀松清还欠项才肯退牛。

（《辑刊》第 1 册，第 76—77 页）

这个豆腐酒店是族人姚秀芝同叔祖同开，无服族兄姚秀松赊欠店账银四两，店主牵牛抵欠，引发纠纷。

雇人做饭。直隶宣化府赤城县客民贾从喜为索欠扎伤雇主赵生全身死案，据赵生智供：

> 是山西太谷县人，已死赵生全是小的胞弟，合小的同在案下松树堡，开设豆腐铺生理。嘉庆十五年二月十五日，兄弟赵生全雇贾从喜做饭，每月一千大钱工价，平等称呼，并无主仆名分，素好没嫌。后来兄弟合贾从喜伙种了八亩地的麻，每人应分麻价大钱六千六百六十文。十一月初间，兄弟合贾从喜算账，除陆续给过贾从喜工钱并麻价钱文，还欠贾从喜工价大钱三千文，屡讨没给。小的是知道的。到初六日夜二更时候，小的已经睡觉，没有睡熟。兄弟坐在炕沿上，贾从喜走进房来向兄弟讨要欠钱，兄弟斥他催逼，贾从喜理论。（《辑刊》第 2 册，第 892 页）

豆腐铺主人欠所雇做饭雇工工钱，引发纠纷。据贾从喜供：

> 陕西神木县人，年四十五岁。父亲贾添良已死，母亲谢氏改嫁，并没兄弟、妻子。向在赤城县独石口

做工度日。嘉庆十五年二月十五日，小的雇给赵生全豆腐铺里做饭，每月一千大钱工价。合赵生全平等称呼，并没主仆名分，平日和好没嫌。后来小的同赵生全伙种八亩地的麻，每人应分麻价大钱六千六百六十文。十一月初间，小的合赵生全算账，除陆续向赵生全支用工钱并麻价钱文，还欠小的工价大钱三千文，屡讨没给。（《辑刊》第2册，第892页）

这家直隶赤城县的豆腐铺，是山西人所开，雇用陕西人。二人还伙种麻地。

帮伙。江苏常州府宜兴县民储会招戳伤张会书身死案。据储会招供："小的宜兴人，二十八岁，祖母骆氏，父亲储一奎年五十八岁，母亲已故。并无兄弟。娶妻甄氏，生有一子。小的向开豆腐肉店生理，雇族叔祖储受明在店帮伙。"（《分省辑刊》上册，第176页）所谓"帮伙"，因是雇佣关系，应当类似帮工，但由于被雇者为族叔祖，属于在店铺帮忙，故名义上为伙同经营。

雇有帮工。如安徽滁州全椒县客民王胜高推跌合肥县民曹明山身死案，据范玉阶供："职员开腐干店生理。曹明山向在店里帮工，挑卖腐干。"（《辑刊》第2册，第800页）再如广西桂林府灌阳县客民唐老九因财务纠纷殴毙张百南案，据唐老九（即唐添久）供：

> 年二十六岁，湖南零陵县人。……嘉庆六年，小
> 的到灌阳县文市地方。同乡张百南雇小的在家帮工，
> 平日尔我相称，并无主仆名分。十五年十月内，张
> 百南开张酒腐店，与小的议定不给工钱，获利均分。
> 十一月间，张百南回籍探望，铺务交小的经理。不
> 料生意冷淡折本。十六年五月初间，张百南转回算
> 账，共折本钱五千八百文，张百南要小的认赔一半钱
> 二千九百文。小的应许措还。六月十二日一更时候，
> 张百南在外酒醉回店，向小的逼讨前项钱文，小的求
> 缓。(《辑刊》第 2 册，第 916 页)

湖南人到广西谋生，开设酒腐店，雇同乡为雇工，经营不
善，发生经济纠纷。

又如，福建建宁府崇安县民陈肝怀殴伤雇主席子华身
死案，据陈肝怀供：

> 年三十一岁，崇安县人。父亲已故，母亲华氏，
> 兄弟四人，小的第二，未曾娶妻。耕田度日。陈老四
> 是小的第四弟郎。席子华是江西人，向在小的村内开
> 张豆腐酒店生理，和小的素好无嫌。二十一年四月间，

席子华雇弟郎陈老四在店帮工，每月议定工钱六百文。小的家陆续向席子华赊取酒腐各物，欠钱未还。十二月十五日，席子华到小的家算账，除抵还弟郎工钱外，尚欠货钱四百八十文。母亲约俟月底清还，他就应允走回。二十一日早，弟郎陈老四有番银一圆，想要赎当，存在兜肚，被席子华看见，搜出抵欠。弟郎回家向母亲告知，母亲气忿，带同小的到席子华店内理论。（《辑刊》第 3 册，第 1466 页）

可见村子里也有豆腐酒店，雇用帮工，每月工钱六百文，该店可以赊取酒腐等物。

东北的屯里有豆腐房，雇人经营。吉林厅民李轸戳伤直隶盐山县民王勇咸身死案，据丁魁供：

小的是案下尚礼社三甲民，在贺家屯西首居住，离贺家屯半里路远。向在本屯开着豆腐房生理。已死王勇咸早在左近卖工，小的合他认识见好。凶犯李轸并受伤的吴涌利合小的亦都认识。李轸亦常合王勇咸会面，并没见他们有打架拌嘴的事。（嘉庆）五年十月里，小的把豆腐房开荒，帮做豆腐的人们俱都辞出，房屋空闲。小的因王勇咸冬间闲无工做，原留他在小的豆腐房里看守房屋。（《辑刊》第 2 册，第 804 页）

丁魁开设豆腐房，原来雇有帮做豆腐的人，因经营不善将这些人辞去。

值得注意，上述福建的事例是江西人在闽乡村开豆腐酒店，广西的事例是湖南人开酒腐店，山西人在直隶赤城开豆腐铺，雇用陕西人。这三个事例表明向边远地区的人口流动存在，移居者通过开设豆腐铺、酒腐店谋生。这些店铺深入乡村，广西的事例说明酒腐店的生意不佳。此外，上述吉林的豆腐房也经营不善。吉林与广西的两个事例，也表明在村屯经营的豆腐房、酒腐店，谋生有一定的困难。

店铺的公共属性

酒腐店、豆腐房不仅是出售豆腐、吃饭喝酒场所，也是人们聊天、交往的公共场合。江西抚州府乐安县民曾均十因卖地纠纷致伤陈成四身死案，据曾均十供：

> 乐安县人，年六十一岁。父母俱故，兄弟二人，小的居长，娶妻已故，生有三子，小的向开酒腐店生理。与陈成四同村无嫌。嘉庆十一年间，族人曾子二、曾子六把土名大坑山地凭黄畛九、张仁十为中，典与陈成四为业，系儿子曾奴苟代写典契。后来曾子二弟

兄相继病故。十五年十二月，陈成四要把那山卖给陈恭九。初四日，曾子二的本支曾四生会遇陈恭九同到小的店内闲坐。陈恭九述知前情，儿子当说那山地是典给陈成四的，当日是他代写契据，并非绝卖。曾四生意欲赎回，安葬祖坟，当向陈恭九阻止。初八日，曾四生邀了黄畛九、张仁十来店饮酒。再三央恳向陈成四取赎，陈成四说出产已绝卖过割，且现卖价钱较多，不允回复。走散。初九日，陈成四走到小的店内，斥骂小的儿子不该混说山场并非绝卖，以致陈恭九不肯承买。儿子分辩，被陈成四用木棍殴伤脊背跑走。（《辑刊》第2册，第627—628页）

酒腐店主人之子为土地典卖契约作中，卷入纠纷之中，可见该店也是当地日常闲坐聚会场所。

东北地区地广人稀，人们更加需要交往。加上冬天天气寒冷，人们更喜欢在一起交流。东北的豆腐房也就比较具有公共性。如奉天府开原县民冯霈因药钱事被客民孙荣武戳伤身死案，据孙荣武供：

> 小的是直隶永平府临榆县民，年四十三岁。父亲早故，有母亲何氏，年七十二岁，在原籍城里东罗城居住。只生小的一人，并没兄弟、妻子。嘉庆十四

年四月里，小的出关来各处行医卖药为生，寄回银钱养赡母亲。这已死冯霈合小的先不认识。十七年二月二十七日，小的来到这孤家子屯赶戏台卖药，在冯霈豆腐房里存住，合他讲明每日房价市钱三百文。冯霈合小的和好，并没嫌隙。三月初五日完戏，小的交清冯霈的房钱要往别处去。冯霈说他侄儿冯花子有腰腿疼痛病症，留小的医治，小的应允仍旧住下。冯霈就去告诉冯花子合冯相、张云同来，小的合冯霈们讲明医治病好给谢礼合药价市钱十千，若医治不好不要谢礼，他们应允。冯花子住在豆腐房里就医，小的诊视了病，到三台子屯药铺里用四千八百市钱买了三剂药给冯花子医治。冯花子吃完药说病还不好，十二日他就回家去了。这日点灯时，张云合冯相同着冯霈对小的说冯花子的病吃药不效，不用再医，也不给谢礼。小的说既然不给谢礼，只给我四千八百钱药价就是了。张云们说明日商量定了再给药钱，他们就走了。十三日早饭时，冯相没有拿药钱来，小的想要赶路，央求冯霈去取。冯霈出去回来说你自己到冯花子家取去罢，小的应允。走到冯花子家，冯相合冯花子都没在家。小的着急，回到豆腐房，向冯霈说我给你侄儿医病原是你留我的，如今怎么你不管了呢？冯霈说冯花子不

拿钱来，与他无涉。小的又央他去讨要，冯霈不依，说小的混讹，嚷骂起来。(《辑刊》第2册，第942页)

该豆腐房还兼做住宿业务，留行医者居住，每日房价市钱三百文，起到旅店的作用。行医者在豆腐店看病，使得豆腐房具有了一定公共场所的性质，店主人发挥着中介作用。

结　语

我们从嘉庆朝刑科题本收集到的酒腐店、豆腐铺（房）的事例，分布于直隶、山西、吉林、辽宁、江苏、安徽、江西、湖南、广西、福建10个省份，此外，还有山东的一个案件中出现豆腐。虽然分布较广，然而比较缺乏西部特别是西南省份的事例，这是需要注意的现象。大致上，南方多酒腐店，北方多豆腐铺（房）。豆腐与酒肉兼营也是值得注意的现象。

开设酒腐店、豆腐铺（房）大体属于小本经营，本文的事例中，有11例这些店铺主人说自己是以此"生理"，有2例则说是以此"度日"。"度日"，即糊口而已。"生理"，是生计、职业的意思，较为中性。有事例表明，存在着人口向边远地区的流动，移居者在乡村以开设豆腐铺、酒腐店为生，然而生意艰辛，谋生不易。酒腐店、豆腐铺（房）这些店铺，借助自家房屋或者租赁屋宇开始，开设者往往合资进行，按股分配。店铺还请人帮工或雇工经营。店铺的人际关系中往往会因经济问题发生纠纷，赊欠常是诱因。这些店铺的经营较为困难，我们看到一些倒闭关门的事例。酒腐店、豆腐铺（房）也是乡村人们闲坐聊天的场所，有的还兼有留宿功能，具有一定的公共空间属性，一些社会经济活动借助这些店铺进行。

以煤为生

煤是重要的矿产资源，也是重要的生活资料，与民生联系密切。清朝统治秩序确立后，官民都对开采煤矿产生极大兴趣。康熙时期大多数时间鼓励民间从事开采煤炭在内的矿业，一时之间开矿成为热潮。但是到了康熙后期，鉴于开矿聚集多人，带来不少社会问题，不利于社会稳定，开始禁矿。雍正皇帝继续执行这种政策，民众不得开矿。但是在人口激增的背景下，地方官员与民间百姓不断有开矿的呼声，乾隆初年经过清廷讨论，终于再次准予民间开矿，民间怀揣致富梦想者、以煤为生者纷纷从事煤业。不同于矿业史研究以物、以经济为主，侧重于生产领域以及生产关系的做法，笔者从社会史、生活史的视野，围绕煤的开采、流通、消费，侧重于人们的生计行为，以"打工人"为重点加以探讨。

北方的挖煤者、煤窑以及人际关系

清中叶挖煤已成为谋生者重要的生计，我们先看北方的事例。北方多地发生过有关开设煤窑、挖煤的案件，反映出以煤谋生的普遍性。围绕开设煤窑、挖煤活动，可见涉及的人际关系。

东北奉天府有开煤窑的事例。辽阳州旗人王茂因园地之争戳伤旗人王利身死案，据王茂供："（嘉庆）二十三年二月里，有开煤窑的裴金顶要租王崴家园地堆煤，烦小的说合，每年给租价市钱五十五千。九月里，裴金顶被侍卫恩福控告窑洞关碍风水，送部审办，总没给王崴家租钱。"（《辑刊》第 3 册，第 1664 页）可见裴金顶就是一位开煤窑的，他租地堆煤，又被控告窑洞关碍风水。

直隶的煤窑事例较多。有人合伙开设煤窑，张家口宣化府怀来县客民王谷进因索讨扎伤刘继恒致死案，发生在嘉庆十八年七月，宣化人王谷进年二十一岁，在怀来县和潘伏祥、黄元益"合伙开煤窑生理"。（《辑刊》第 2 册，第 968 页）煤窑有窑头和打工者，宣化府民人郝显明因索欠起衅扎伤郑有贵脊背身死案，山西寿阳县人郑王氏，向在宣化县南新渠寄住。郑文奎是其侄子，已死郑有贵是其儿子，他是嘉庆十三年正月初间张理厅土木路秦万年煤窑上做工去的。后来有窑头姚进幅向她说，正月二十四日儿子郑有贵因向郝显明讨要借欠钱文，彼此争闹，被郝显明用刀扎伤。她于二月十七日到了窑上，获知儿子初十日已因伤身死，尸身停在煤山上。双方谈妥赔偿事宜，写了一张字据。这张字据保留下来，内开："立凭约人郑王氏。今因子郑有贵于正月二十四日在土木路窑上偶得病症，至二月初十日身死，不与煤窑相干，窑头姚进幅念氏年老家贫，帮氏大钱十千文银，三十四两大钱有零以作验理之资。日后倘有亲族反口，氏一面承当，恐后无凭，立字为凭。"（《分省辑刊》上册，第81页）在官府看来，这种处理方式属于私和的违法行为，"查所给郑王氏银钱共含银四十四两六钱八分四厘，姚进幅合依常人私和人命受财准枉法论，以财行求者计，所与之赃人与受财人同科枉法赃四十四两，杖一百，徒三年，无禄人减一等律，应杖九十，徒三年半"。（《分省辑刊》上册，第81页）此案中，秦万年开设煤窑，有窑头姚进幅，打工者郑有贵。

上述关系，可以用窑户和佣工表述。直隶房山县客民煤窑工王五因索欠踢死县民田玉达案，王五籍隶山西，与同县民人陈九龄子、王士得、陈三并王五弟王七均流寓房山县，在李子树、陈科煤窑佣工。嘉庆八年（1803 年）五月内，煤窑停，窑户陈回籍。案中还涉及康家沟窑工人闫义、窑户陈秀，康家沟窑户张二。（《辑刊》第 2 册，第823 页）看来这是山西人到房山县开煤窑并招收山西同乡佣工。

官府责成窑户管理佣工者。乾隆七年（1742 年）四月刑部议覆顺天府府尹蒋炳所奏：

> 宛平县所属西山门头沟地方开窑人众，易于滋事，且恐逃犯混杂其中。应令该县设立印簿，给发窑户。将各项佣工人等按月一报巡检查考，并饬西路同知就近稽查。如该窑户不行开报，照脱漏户口律治罪。若在开窑地方或聚众逞凶，致成人命，将本犯按律治罪外，该窑户照总甲容留棍徒例治罪，均应如所请。从之。[1]

窑户须按月报告佣工情况于巡检，佣工如聚众闹事，窑户也要治罪。

山西的事例说明煤窑窑户、工人的主雇关系。大同县李庭选等因索欠起衅将成大发殴伤致死案，嘉庆十二年

---

1 《清高宗实录》卷 164，乾隆七年四月戊戌。

正月二十六日，据大同县属复兴窑户郝存枝报称：本月二十二日早，有煤窑工人李庭选因向成大发索欠起衅，邀同李德将成大发殴伤，至二十六日身死。李庭选是崞县人，年三十六岁。向在复兴煤窑做工。(《分省辑刊》上册，第348页)

还有雇工之间因工钱发生纠纷的情形。山西长治县民牛招第因索讨工钱事殴伤村人牛魁身死案，据牛招第供："小的是案下东火村人，年三十三岁，是未满周岁时因本生父母遗弃，为义父牛天锦抱养，长大即从牛姓，不知本生父母姓氏、存亡。义父已故，义母乔氏年六十四岁，并没亲子。小的也没娶妻，做工度日。与牛魁同姓不宗，一村没仇。牛魁向在李维其煤窑作伙。嘉庆十年十二月二十六日，牛魁雇小的在窑替做短工一日，应该工钱五十文，并没付给。二十八日傍晚，小的到窑上向牛魁讨要工钱，牛魁回复没钱，允许迟日给还，小的不允，在窑守讨。牛魁就说小的没有情面，混骂起来，小的回骂。"(《辑刊》第2册，第592—593页)所谓"作伙"，因牛魁雇牛招第在窑替做短工一日，则牛魁也应是工人，亦即"作伙"之伙计。牛魁与牛招第因工钱发生纠纷。

除了合伙开设煤窑，还有动手挖煤者。山西左云县客民李海因债务纠纷殴伤马玉案，案中陈良与李海挖煤度日。

右玉县人李海，年三十九岁，向在左云县瓦陇窑村挖煤度日。嘉庆十六年八月间，他借用刘玉钱二百文没还。十七年正月十五日午后，他与陈良在住处吃饭。刘玉、马玉走来向他索讨欠钱。他回复没钱，马玉叫刘玉剥衣抵欠，争吵起来。他拿了铁橇往煤窑挖煤，冲突中李海用铁橇把马玉打伤致死。（《辑刊》第 2 册，第 935 页）

乾隆以后，河南矿业得到进一步开发，大小煤窑遍及今京广线以西的广大中原地区。[1] 河南的煤窑既有本省的打工者，也有外省来的工人。如泗水县民张保成向在煤窑工作。（《选编》，第 467 页）

禹州客民王六等因口角打死赵五头一案，窑户郭维新的山地上产有煤斤。嘉庆八年九月间，他雇赵五头、王六、席全贵开采。九年二月初五日傍晚，赵五头因王六挖煤短少村斥争闹，被王六同席全贵殴扎身死。席全贵年二十八岁，王六太康县人，年二十五岁，父母俱故，来禹州雇给郭维新煤窑做工。不过河南巡抚认为："窑户郭维新私开煤窑，应照不应重律，杖八十，折责三十板，煤窑封禁。"（《辑刊》第 2 册，第 834 页）这是本省人的事例，还有外省来的，如宝丰县民李重因拖欠工钱被雇工陈玉殴毙案。

1　黄殿盈、胡克仪、卞书田：《清代河南煤矿业中的"圈窑"——残酷压迫剥削矿工的人间地狱》，《能源与保护》1995 年第 5 期。

陈玉雇给李重在煤窑做工。陈玉是甘肃河州人，年三十二岁，做工度日。嘉庆二十三年十一月间，他雇与陕西客人赶车，到鲁山县境，因病住下。二十四年正月，他的病好了，缺乏盘费，不能回家，雇给李重，来宝丰县境煤窑帮工，并无主仆名分，每月工钱八百文。到六月初十日结算工价，除陆续支用外，李重共欠钱四千四百八十文。他想回原籍，向李重讨要。李重村斥其催逼，他不服嚷骂，发生纠纷。（《辑刊》第3册，第1483页）

嘉庆时期山东煤炭开采的府县（州）是淄川、莱芜、滕县、峄县。[1] 山东煤窑的事例，是关于工头管理与帮工之间的纠纷。山东峄县民匡仲兴因工价事掷伤雇主致死案。峄县青邱煤窑夫头王魁、赵文光因欲拉匡仲兴赴窑查对所支工价，匡仲兴挣脱前走。王魁追赶，匡仲兴拾伊门首支车木头向掷，致将王魁左额角掷伤身死。据匡仲兴供："小的一向做工度日，合那死的王魁平日认识，并没仇隙。王魁同赵文光是青邱煤窑上的夫头。嘉庆十年正月里小的给王魁、赵文光在煤窑上做工，按日支用工钱。到二月二十一日小的听得母亲有病，告诉王魁要回家看望，王魁不肯。二十二日五更时候就自己回家见母亲，果然害

1　裴广强：《清代山东煤炭资源开发的时空特征及其运销格局》，《中国矿业大学学报》2014年第1期，第118页。

病。小的想到邻村集上寻医买药，走到寨子村桥边遇见王魁、赵文光，王魁说小的没讲明白，为什么就走了，只怕是长支了工钱逃的。小的说并没长支工钱，我不愿意在那里做活，你能不叫我走吗？王魁不信，要小的同到窑上查对，小的不肯，王魁就混骂起来，小的回骂。"（《辑刊》第3册，第1383页）煤窑夫头要辞工的工人赴窑查对所支工价被拒，引发纠纷。

此外，还有工头与支取工钱工人的纠纷。济南府淄川县民康甫得扎伤崔长有身死案。淄川属鸾桥庄孙以盛煤炭厂内工人康甫得因支取工钱起衅，用刀将工头崔长有扎伤身死。雇主孙以盛在鸾桥庄开设煤炭厂，崔长有在厂里做工头，管束工人。康甫得供称："嘉庆六年十一月二十日有相好的李斯孔在孙以盛煤炭厂里工作替小的说合，雇给厂里佣工，每日工价京钱二百五十文，预支十千京钱，言明按日扣算。小的把钱还欠，家里没有用度，二十三日到厂里，因崔长有是工头，向他再支几千工钱回去安家才好上工。崔长有说小的已经预支，还没做一日工，不肯再支钱，就叫在厂工作不许回去。小的定要回家，彼此争吵了一会就散了。晚上小的喝醉了酒，合崔长有、李斯孔、孙名刚、王日全同住一屋。李斯孔、孙名刚先已睡觉。崔长有又村斥小的预支工钱不就上工的不是，小的混骂，崔长有拿炕

上枕砖向打小的。因他倚藉工头不肯支钱，使小的不能安家上工，一时气忿，起意把他杀死。"（《分省辑刊》上册，第410页）

煤窑还会雇用拉煤者。一份没有案件发生地的题本记载了陈正等殴伤董幅身死案。嘉庆十三年九月内，陈正在过街塔蒋姓煤窑外开设锅伙，遇有拉煤，工钱窑上会交陈正开发每人饭食，即以工钱扣抵。董幅雇与该窑拉煤，在陈正锅伙内食宿。本年二月初间，董幅因肩臂长疮，不能拉煤。二十二日，董幅至陈正屋内添油。陈正不依，致相詈骂。"查陈正身系掌柜，妄思压服众人，因与董幅口角，辄先用拳连殴其致命右耳根，复因肆骂，喝令铺伙赵二等将其迭殴到毙，实属威力主使。"（《分省辑刊》下册，第1531页）较大的煤窑产量较大，拉煤者也会较多。有人为拉煤工开设临时性的集体食宿处所锅伙。煤窑会把拉煤工钱的部分交给锅伙开设者，抵消锅伙内食宿费用。因病不能拉煤者不受锅伙主人欢迎，发生矛盾，锅伙主人竟命铺伙打死拉煤工。我们还可以获知，山西河津县人王不相，于嘉庆元年十二月二十一日外出拉煤。（《选编》，第434页）

北方的挖煤事例分布较为广泛，出现于东北奉天（1例）以及华北直隶（3例）、山西（3例）、河南（2例）、山东（2例）诸省区，尤以产煤大省山西以及直隶较多，而直隶的事例中，多有山西人到此挖煤者。河南的实例中，有甘肃来的挖煤者，各省还有本省外地挖煤者。反映出挖煤成为重要的谋生手段。直隶合伙人开设煤窑，煤窑有窑头和打工者，亦可表述为窑户和工人。山西煤窑呈现了窑户、工人的主雇关系，雇工之间因工钱发生纠纷，还有独立的挖煤者。山东煤窑可见工头管理与帮工之间、工头与支取工钱的工人的纠纷。

上述资料中出现的挖煤或煤窑打工者，多是家境贫寒的青壮年单身者，从事艰苦的挖煤工作。如山西事例中，崞县人李庭选，三十六岁，本是家里的独子，到大同复兴煤窑做工。长治县人牛招第，三十三岁，本是弃儿，义父又故，也没娶妻，做工度日。右玉县人李海，三十九岁，父母俱故，并没妻子，只有一个兄弟，到左云县瓦陇窑村挖煤度日。三位挖煤或煤窑打工者均是三十多岁的单身汉。河南的事例，席全贵年二十八岁，王六太康县人，年二十五岁，父母俱故，来禹州雇给郭维新煤窑做工。甘肃河州人陈玉，三十二岁，父母俱故，弟兄四人，并没妻子，来宝丰县境煤窑帮工。煤窑打工的三人二三十岁，均未婚，其中两位还是父母双亡。山东的事例，崞县人匡仲兴，三十一岁，父故母存，并没妻子，只有一个兄弟出外六年，无音信下落，他在煤窑上做工。淄川县人康甫得，年二十三岁，父母已故，并无兄弟，已婚，有两个女儿，在孙以盛煤炭厂佣工。这二人也是二三十岁，其中三十多岁的匡仲兴未婚。上述八人中三人二十多岁，五人三十多岁，明确已婚者仅一人，由于生活的艰辛，为了谋生来到煤窑。河南一些地方的挖煤工境遇悲惨，窑主为了获得更多利润，采用捉拿、诓骗、逼迫等手段，将外地一些穷苦百姓骗到窑上，用皮鞭和棍棒强行驱使下井挖煤。为防止窑工逃跑，在山间幽阴沟壑等僻处设立"人圈"或"拨房"，像牲口一样将升井后的窑工关禁其中，外用恶徒把守，上下井由人押送，不给人身自由。[1]

　　窑工在煤窑的收入如何呢？资料有限，仅可获知：嘉庆十年，山西牛招第在窑替做短工一日，应该工钱五十文。嘉庆二十三年，甘肃人陈玉来河南宝丰县境煤窑帮工，每月工钱八百文。嘉庆六年，山东淄川县人康甫得煤炭厂佣工，每日工价京钱二百五十文。三个数据中两个是日工资，一个是月工资，将河南的月工资换算成日工资为每日二十六文，以山西、河南的两个事例来说，工资并不高，山东的偏高，但是由于具体工作或有不同，加上大小钱的

1　黄殿盈、胡克仪、卞书田：《清代河南煤矿业中的"圈窑"——残酷压迫剥削矿工的人间地狱》，《能源与保护》1995 年第 5 期。

差异，我们在此只能做一粗浅了解。

南方的租山挖煤、社会纠纷以及官府对策

南方挖煤的事例更多。在江西，挖煤往往与租山相联系，租山挖煤引发的纠纷也较多。比较而言，江西的事例较多呈现了出租山场者的情况以及官府对于开矿的态度。吉安府安福县民周句古因挖煤越界致伤胡幹孙身死案，监生刘谟家有契买土名巫坑山一嶂，与胡奏绩家海螺形坟山右首黄土坡相连，中以土塪为界，后因塪被水决，致失界址。嘉庆十一年十一月内，有刘晏古同张沅盛、张广盛见巫坑山内出煤炭，向监生刘谟租赁开挖，误越黄土坡界内，被胡奏绩控县饬禁。后张沅盛们复在巫坑山挖煤，把胡幹孙们殴伤。江西巡抚认为"该处山场仍饬照旧分管，明立界址，毋许越界混挖，以杜后争"（《分省辑刊》下册，第784页），朝廷认可该抚的处置。这是由于越界挖煤引发的案件。

雇主与承租者因分配收益也会产生纠纷。抚州府崇仁县民陈立良因债务纠纷故杀胡望棕身死案。铅山县人胡望棕在崇仁与宋上元合伙租张达才山场挖煤。嘉庆十三年正月内，陈立良借欠胡望棕钱五百文未还。六月十四日，胡

望棕携带柴斧赴山挖煤，路遇陈立良，讨钱争闹。监生刘近仁有煤山一嶂，租与陈立良挖煤。议定挖煤十担，分给监生刘近仁一担。陈立良向在崇仁县租赁刘近仁山场挖煤，雇艾广俎在煤厂帮工。（《分省辑刊》下册，第800页）

出租土地提供挖煤，本族内部也会产生矛盾。袁州府宜春县出产煤，吴穆容在当地挖煤度日，乾隆三十九年（1774年），刘卓茂亦往该山挖煤。（《选编》，第196页）该县民王宣一因合伙挖煤事致死无服族兄案，王宣一族内有公共蛇形山一嶂，历葬祖坟。嘉庆十七年五月内，他见山内露出煤炭，起意商同王奇招合伙挖煤，卖钱分用。初十日在小蛇形山内挖井取煤，因出产有限，连挖数洞，止得煤十余石，尚未变卖，就被族房王扳桂们查知，控县差拘，他们各自逃匿。六月初八日他回家探望，路遇王奇招，向他索分煤钱，他"不知煤被族房把井填塞，当以煤尚未卖，无钱分给。王奇招心疑小的已卖得钱收用，两下争闹"。（《辑刊》第1册，第230页）地方官审理认为，"所开煤井业据该族房将挖出之煤填塞。该山王姓既历葬祖坟，应令永禁挖煤，以资保护"。（《辑刊》第1册，第231页）

封禁之地开挖煤炭，很容易引起纠纷。九江府鄱阳县徐庭辉致死王三连并徐帼伦致伤王三达成废案，据王绪通供："奉新县人。王三连、王三达都是小的堂叔，向在鄱阳县佣工，与冯隆均、余珽认识。嘉庆十四年十二月间，王三连与冯隆均、余珽合伙租赁史二坐落横山会二坞山下田亩开挖煤炭，雇小的与王三达、彭吉长帮挖。因那里先经冯隆均一人租挖煤炭，搭有篷厂。十六日，小的们正在原洞挖煤，有徐庭辉、徐帼伦、徐彩各拿木担走来，看见向阻。……至冯隆均先租史二田亩挖煤，经徐庭羹控蒙勘讯，断令一并封禁，小的与堂叔王三连们都不晓得。"（《辑刊》第 3 册，第 1208 页）据徐帼伦供：他同徐庭辉、徐彩各携木担赴山挑柴，见王三连、王三达、王绪通、彭吉长又在封禁的史二田内挖煤，于是阻止。刑部会同吏部、都察院、大理寺认为，应如该抚所题，"生员冯隆均租田挖煤，因已费工本，于经官断禁之后复行邀伙开挖，致酿人命，实属不合，应照不应重律，杖八十。监生余珽并不查明，混行合伙，应照为从减一等律，杖七十。冯隆均系生员，余珽系监生，应得杖罪，均照例纳赎。王三达等受雇挖煤，并不知官禁缘由，应与救阻不及之彭吉长等均毋庸议。该处山场田亩附近，均系村居坟墓，所产煤炭严禁开挖，以杜后衅"。（《辑刊》第 3 册，第 1208—1209 页）

关于封禁问题，广东的一个案例较为典型。广东新会县监生李兆云承开山场被严健升呈请封闭案，据广东巡抚韩封嘉庆十八年六月十四日题本可知：

该臣看得煤商李兆云承开柯木岭等处山场，被县民严健升等呈控，勘讯明确，议请封闭一案。缘番禺县属柯木岭等一十五处煤山，前商刘世全递年输纳饷银二百四十两，咨部驳令加增，刘世全报病故退商。有新会县监生李兆云呈请接充，愿照新宁煤商伍天锡之案，递年输纳饷银一千四十两，经臣咨准部复准其接充。该商李兆云于部复未到之先，嘉庆十七年正月初一日入山开采。因原承界内煤泥微薄，工多费重，意欲呈请退商。工丁肖耀波等希图揽工觅食，见原承界外附近之马务村、樟木岭、肖冈村处有煤泥，误认均在原承之内，向该商李兆云告知，前往采挖。该处附近村民严健升等以李兆云越界私挖，有碍田园、庐墓，赴院、司呈请封闭。该商李兆云亦以严健升等勒索等词具诉。复经确切勘察，李兆云越界开采之马务村、樟木岭、肖冈村三处均在原承界之外，尚未采卖煤泥，实与严健升等住村田园、庐墓有碍。其原承柯木岭一十五处因旧商开采已久，煤泥渐形衰薄，且该处附近现当严办土匪之时，煤厂聚集工丁多人，来去靡定，难保不藏污纳垢。未便以咨准承开在前，稍事迁就，应将柯木岭等一十五处及马务村、樟木岭、肖冈村三处一并永远封禁，以安民业。至李兆云既以承认每年纳饷银一千四十两，除封禁以后，并未开采，毋庸输饷外，其自嘉庆十七年正月初一日起至四月二十日封山停采止，计三个月二十日，以一千四十两之数按日摊算，计应纳饷银三百一十七两七钱七分八厘，俟饬催番禺县勒追完解到日，列入煤饷奏销册内造报，现已将该山封禁。除揭报部，科查核外，谨会题请旨。(《辑刊》第 3 册，第 1212 页)[1]

皇帝的批红残缺，我们不知结果如何，不过题本反映出广东允许煤商申请开采煤山，但要向官府输饷。但是，当开矿影响到当地风水，引发与当地人纠纷时，则予以封禁。特别是官府会考虑当时的社会秩序问题，"附近现当严办土匪之时，煤厂聚集工丁多人，来去靡定，难保不藏污纳垢"，会影响到官府决策。

清代湖南随着社会经济的发展，煤炭的用途扩大，湖南农村的采煤业日臻发达。[2]湖南也多见租山挖煤事例，发生不少纠纷。或合伙人因分配意见不合，长沙府湘潭矿主

1　学者指出，乾嘉时期珠三角的煤矿开采并不普遍，其燃料以柴薪为主。参见刘正刚、陈嫦娥：《明清珠江三角洲的燃料供求研究》，《中国经济史研究》2012 年第 4 期。

2　李华：《清代湖南农村的采矿业》，《中国社会经济史研究》1990 年第 2 期，第 47—48 页。

唐述调刀伤矿工易文煌身死案。已死易文煌生年三十六岁。问据李文秀供："年四十六岁，乾隆六十年八月内，小的与唐述调合伙租陈玉滩饼子铺山场开垅挖煤，唐述调出米一十九石六斗作钱三十九千二百文，议定挖出煤来他得十股之一，垅上用钱是小的经管，雇易文煌东垅帮工，与小的并唐述调都是尔我称呼，九月内垅里有水，停工未开，嘉庆元年二月内小的出了工本，车干垅水挖煤，得钱文只够工人饭食，并没有多余，唐述调要来分股，小的约他煤旺再分，三月十七日唐述调又到厂来说要分煤，小的仍要再缓，唐述调不依，两下吵闹。"（《分省辑刊》下册，第900页）李文秀与唐述调合伙租山场开垅挖煤，唐述调因出资议定挖出煤来得十股之一，垅上用钱是李文秀经管，李文秀雇易文煌帮工，形成合伙人之间、合伙人与帮工的人际关系。我们已知易文煌、李文秀的年龄，题本中唐述调口供保留了他更多的资料：年四十二岁，湘潭人，父母俱存，兄弟四人，他并没妻室。官府的审案反映出对于山场挖煤的态度："该处煤垅虽无碍人田园庐墓，但因此酿人命，未便仍令复开，应请封禁，以杜争端，其挖出煤炭除扣工本外，余饬照股品分。"（《分省辑刊》下册，第900—901页）因造成命案，请求封禁。

又如，宝庆府邵阳县民张承旺因索讨公山租钱殴同堂大功弟张七伢子身死案，嘉庆二年九月，张承旺与叔父张近贵把屋后公山租给易一戍等挖煤，每月租钱五百五十文，议定均分。叔父私将十月份租钱收用，张承旺查知，屡向索讨不还。（《分省辑刊》下册，第909页）这是公山拥有者因出租收费被私收发生的纠纷。

不同的挖煤者因争挖产生矛盾。长沙府湘乡县民贺秀芳因争挖煤峒掷伤谢再谓身死案，贺秀芳同朱棕光佃租朱胡氏廖家塘山地，谢振复、谢再谓、谢幅沅也租龙光名廖家塘山地，都各开峒挖煤，两山界址毗连。嘉庆十二年二月内，谢幅沅们因贺秀芳等煤峒开挖渐深，与他们煤峒相通，要贺秀芳等堵塞，贺秀芳等不允。初八日，谢幅沅、谢振复藉他煤峒地高，用水灌入贺秀芳等的煤峒内，不能开挖。贺秀芳同朱棕光不依，与他们争闹。贺秀芳开峒挖煤，挖到谢幅沅的煤峒，官府予以制止："贺秀芳等所开煤峒与谢幅沅等煤峒相通，已据饬令堵塞，以杜争端。"（《分省辑刊》下册，第977页）

还有购地挖煤者，挖煤者与毗连土地所有者有时也会发生矛盾。永州府祁阳县民王荣光等因口角共殴陈祥有身死案，陈祥有孤身一人在外省觅工。王荣光家祖坟在申鸿沅价买邓兴贤地名明家湾右边山场附近，周式陇、莫三受等的坟山田亩也俱毗连。嘉庆十八年正月初三日，王荣光与族人王式绳并周式陇、周大能、周式名路过明家湾山边，瞥见陈祥有同申鸿沅族人申亭榜、申启观在山挖煤。王荣光与王式绳们恐碍祖坟，赶去拦阻。陈祥有不依，争闹，用挖煤铁钩殴伤周式陇左眼胞。陈祥有同申鸿沅族人在山挖煤，附近土地主人恐碍祖坟拦阻，清廷采取保护祖坟杜绝争执的态度，予以制止："申鸿沅虽在己山挖煤，惟挖煤之处均与周式陇等坟山田亩毗连，不顾他人坟墓，擅自开挖，致酿人命，应照不应重律，杖八十。……明家湾右边山场现经勘明，该山四至之外均系他人田墓，开洞采煤实属有碍，应断令田至埋石为界，止许申鸿沅照契管业，不得采煤，以杜衅端。"（《分省辑刊》下册，第1009页）由此也可以看出，如果开矿并不妨碍他人，官府是允许的。

相对而言，上述湖南的事例反映挖煤者的情况较多，也有一些官府对待挖煤态度的资料。

四川的事例最多。早在乾隆中叶，四川总督阿尔泰奏称："成都煤炭，远由嘉定运售，脚重价昂。饬近省州县查寻煤线，酌无碍处开井。崇庆、灌县现在试采，产煤甚旺。"[1]成都作为省会，官民人口聚集，需要煤炭数量较大，而产煤区嘉定府位于四川西南部，路途遥远，运费不便宜，

---

1 《清高宗实录》卷701，乾隆二十八年十二月。

导致成都煤的价格昂贵。于是在隶属于成都府的附近地方崇庆、灌县采煤，以降低成本，使成都的煤价下降。

嘉定府不愧是产煤区，该府犍为县挖煤之事就有 5 例，从中可以了解到挖煤的多种样态。有的是挖煤合伙人之间的矛盾，如犍为县客民朱顺宣因顶卖煤矿戳伤敖畛致死案。朱顺宣是荣县人，早年来犍为与张富、范培都、敖畛合伙开挖煤生理。据应讯人张富、范培都同供：他们与敖畛、朱顺宣合伙开挖煤矿生理。嘉庆十八年初七日，"朱顺宣因生意折本，要把煤矿顶卖与别人开挖，敖畛不依，两下争吵"。（《辑刊》第 2 册，第 965 页）因反对把煤矿顶卖与别人开挖，合伙人发生纠纷。有的是雇主与帮工的纠纷，如犍为县客民王一源因向雇工索讨长支工银事将雇工殴伤身死案。王一源是崇庆州人，年三十三岁，早年来犍为地方开挖煤磖生理，雇李大伦帮工。嘉庆十一年三月二十六日，李大伦说他有事出外就没回来，王一源找寻不着，把他工价查算，多支银一两四钱。四月二十七日，王一源往石板场赶集，路上遇见李大伦。王一源叫他回磖做工，李大伦不肯。王一源向他索讨长支工银，李大伦说要算王一源帮补他工价。（《辑刊》第 3 册，第 1403—1404 页）还有的是帮工之间的纠纷，如犍为县民人刘星贵因债务纠纷戳伤谢登科身死案。肖雨邦开挖煤炭生理，雇刘星贵、谢登科帮工。刘星贵日与谢登科都帮肖雨邦挖煤，向来和好。嘉庆十三年六月间，谢登科借欠肖雨邦钱二十文，讨过几次，总没还给。七月十三日早，肖雨邦向谢登科催讨欠钱，谢登科说肖雨邦不该催逼，开口混骂，肖雨邦回骂，产生纠纷。（《分省辑刊》下册，第1181页）帮工之间因催讨欠钱发生纠纷。类似的案件还有一起：犍为县民人周正本因索讨钱文戳伤许廷月身死案，王文开挖煤礃生理，向雇许廷月、周正本帮工。周正本是贵州平越州人，年四十八岁。早年来犍为佣工。向同许廷月、赵文祥在王文煤礃内帮挖煤炭，与许廷月和好无仇。嘉庆十一年二月十八日，许廷月借周正本的钱五百文，原约改日就还。三月初四日，周正本与许廷月在煤礃挖煤，周正本因要钱使用，向许廷月索讨借欠钱文。许廷月推缓，周正本不依。许廷月说周正本不该催逼，口里混骂，周正本回骂。许廷月用拳打来，周正本闪避，顺用挖煤铁镞吓戳，不料伤着许廷月胸膛近左，倒地不一会死了。（《分省辑刊》下册，第1100页）还有犍为县客民煤厂帮工邓大富等索欠斗殴案：县民陆绍明挖煤生理，雇邓大富、徐明在礃帮挖煤炭。严鲁栋是江西太和县人，死的徐明是其外甥。嘉庆六年间，姊夫徐绅元叫严鲁栋带同徐明来犍为佣工。后来雇与陆绍明煤礃上挖煤。邓大富是定远县人，年三十三岁。与徐明都受雇在陆绍明煤磋上挖煤，素好无嫌。嘉庆十三年十二月十六日，徐明借欠邓大富的钱一百二十文，讨过几次总没还给。十四年正月二十日下午时候，邓大富又向徐明讨要，徐明说邓大富不该催逼，口里混骂，发生冲突。（《辑刊》第2册，第852页）犍为县的上述5起案件，打工者均是外地人，前三起是省内的，后二起则是来自外省江西、安徽、贵州的。四川将采矿的坑道谓之磋，在煤磋挖煤是这些佣工的主要工作。

四川也有租山挖煤的事例。重庆府合州民人明学陞因索讨剃头钱文戳伤江启浩等身死案，发生于嘉庆十二年四月二十四日，案中涉及的邹仕荣"佃王君益山场开挖煤炭生理"。（《分省辑刊》下册，第1135页）有的是合伙经营，重庆府巴县民尹心成等因索讨证人费用起衅殴毙吴德数案，嘉庆十五年（1810年）三月间，吴德数与陈帼士等伙开煤厂，因账目不清赴案具控，词列尹心成为证，经讯明，断令吴德数缴还陈帼士账银三十两结案。据尹心成供："小的巴县人，年三十三岁。平日开煤厂生理，与吴德数素识无嫌。嘉庆十五年三月间，死的吴德数与陈帼士们合开煤厂，因伙账不清，吴德数赴案控告，把小的列为见证。后来讯明断结。小的因他告状候质用过许多盘缠，小的心里不服，要吴德数偿还，吴德数认还小的钱十二千。

后来向他讨过几次，吴德数总没给还。"（《辑刊》第 2 册，第 630 页）

　　主雇之间因工钱的纠纷，如四川民范应书殴毙雇主唐泳富案。"嘉庆二十三年三月间，唐泳富雇范应书挖煤，每月工钱一千五百文，并无主仆名分。六月间给过工钱一千六百文，余钱未给。二十七日早，唐泳富令范应书挖煤，范应书不允上工，唐泳富斥其贪懒，范应书回詈。"（《辑刊》第 3 册，第 1484 页）再如，重庆府铜梁县民李朝斌因索欠打死大足县民吕仕辉案。李潮斌年十八岁，帮工度日，嘉庆八年十二月间，李潮斌短帮吕仕辉挖过四天煤炭，他欠李潮斌的工钱一百六十文。到二十四日黄昏，李潮斌走到吕仕辉厂里向讨工钱，吕仕辉反说李潮斌不该逼讨，开口混骂，李潮斌回骂。吕仕辉拿了挖煤尖嘴岩斧向李潮斌砍来，李潮斌闪避夺获岩斧。吕仕辉又来扭夺，李潮斌情急顺用岩斧吓砍，不料伤着他咽喉近左倒地。（《辑刊》第 3 册，第 1699 页）又如成都府什邡县民人萧连怀因讨欠工钱戳伤唐武秀身死案。萧连怀年二十二岁，没有娶妻，佣工度日，与唐武秀素来认识。嘉庆十一年十月间，唐武秀雇萧连怀帮挖煤矿一个月，讲明工钱九百文，唐武秀只给萧连怀钱五百文，下欠四百文，讨过几次，总没给还。（《分省辑刊》下册，第 1118—1119 页）

窑主也同社会上的其他人发生纠纷，如成都府崇庆州煤厂主谢正槐打死肉店老板孙名纲身死案，余成仕向在谢正槐煤厂帮工，见证了该案。据谢正槐供："小的资州人，年四十岁，父母俱故，弟兄六人，娶妻曾氏，生有一子。向开煤厂生理，与孙名纲素识无仇。嘉庆二年，小的陆续赊欠孙名纲酒肉钱二千九百八十文没有给还。三年三月初九日挨黑，孙名纲来向小的讨钱，小的央缓，孙名纲不依，村斥小的骗赖。"（《分省辑刊》下册，第1040页）古代普通人能吃上肉算是比较奢侈了，煤场老板比普通人有钱，不过这位开煤厂的老板，想必经济能力有限，未还赊欠酒肉钱，导致纠纷。

帮工不仅只有挖煤者，有的还有管理账目者，如叙州府富顺县民杨洪太因索欠铩伤张昌贵身死案，曹扬恒与张昌贵同在黄章煤厂上帮工。杨洪太受雇在黄章煤厂上经管账目，张昌贵也在厂里帮工。杨洪太借过张昌贵钱六百五十文，张昌贵讨过几次，杨洪太没钱给还。嘉庆十二年八月十五日，张昌贵又向杨洪太讨要，杨洪太央缓。张昌贵不依，要拿杨洪太的铺盖、帐子作抵。杨洪太不肯，张昌贵开口混骂，杨洪太回骂，张昌贵拾起挖煤凿向杨洪太打来，杨洪太闪开，夺过铁凿回铩他右额角。（《分省辑刊》下册，第1148—1149页）类似的帮工之间的借欠讨钱纠纷还有，忠州直隶州垫江县煤厂帮工章光贵因债务纠纷砍伤吕帼俸身死案。吕帼俸在胡子瑞厂上帮挖煤炭，章光贵与吕帼俸同在胡子瑞煤厂内帮工，吕帼俸借过章光贵五百文钱，讨过几次总没给还。嘉庆十五年十一月初七日挨晚时候，章光贵拿了斧子在煤厂内砍柴。吕帼俸走来，章光贵向他讨钱，他说章光贵薄情，开口混骂。章光贵回骂。（《辑刊》第3册，第1421页）

南方的事例集中在四川（13例）、江西（4例）、湖南（4例）以及广东（1例）。江西、湖南的事例形态接近，呈现了租山挖煤的情形，可以观察到出租者、挖煤者的关系，官府对于开矿的态度也有较多记载。广东的事例也佐证了官府的开矿政策。四川丰富的事例呈现出煤的开采形成的多种人际关系，嘉定府犍为县挖煤事例，可见挖煤合伙人之间的矛盾、雇主与帮工的纠纷、帮工之间的纠纷。四川也有租山挖煤的事例。挖煤主雇之间因工钱的纠纷较多。帮工既有挖煤者，也有管理账目者，帮工之间的借欠讨钱发生纠纷。

南方的资料中出现了煤矿山场出租者的身份，江西吉安府安福县监生刘谟，家有契买土名巫坑山一嶂。抚州府崇仁县监生刘近仁有煤山一嶂，租与陈立良挖煤，议定挖煤十担，分得一担。湖南邵阳县张承旺，三十岁，父故母存，弟兄二人，娶妻。他与叔父张近贵把屋后公山出租挖煤，每月租钱五百五十文。张承旺娶妻与叔父拥有公山，应当说家境是过得去的。而江西的两例拥有煤山者均为监生，其身份无论是通过读书所得还是捐得，都需要一定的经济力量支撑，家境不错。靠着出租煤矿山场，这类人或有致富者。

租山开矿者的资料也较多保留下来。江西鄱阳县事例中，生员冯隆均、监生余琏合伙租田挖煤。广东新会县监生李兆云接充开采煤山。湖南湘潭唐述调合伙租饼子铺山场开垅挖煤，出米一十九石六斗作钱三十九千二百文，议定挖出煤来他得十股之一。湘乡县贺秀芳，三十八岁，父亲已故，母亲王氏，弟兄二人，娶妻刘氏，生有一子。同朱棕光佃租朱胡氏廖家塘山地开峒挖煤。江西、广东事例中，承租者皆有身份。湖南的唐述调出米伙租，贺秀芳娶妻生子，家境应当较好。这类人应当也会有租山开矿而致富者。

上述江西抚州崇仁、湖南湘潭的事例均有山场挖煤出租人与承租者收益的分配问题，恰好都是十股之一。

四川的事例丰富，记载挖煤者的资料较多，从中看出其谋生的艰难。犍为县的事例中，彭山县人刘星贵，三十八岁，父在母死，弟兄二人，并没妻室，帮人挖煤。贵州平越州人周正本，四十八岁，在煤礐帮挖煤炭。安徽定远县人邓大富，三十三岁，受雇在陆绍明煤礑上挖煤。这三位三四十岁，彭山人无妻室，另外两位外省人史料中未提妻室，也不排除是单身。此外，铜梁县人李潮斌，十八岁。母故父在，并没弟兄妻子，帮人挖过四天煤炭。什邡县人萧连怀，二十二岁，父存母故，弟兄二人，没有娶妻，佣工度日。这二人年纪尚轻，都是单亲家庭。富顺县人杨洪太，二十五岁，父母俱在，弟兄三人，娶妻彭氏，没生子女，受雇在煤厂上经管账目。这位管账者应当是有文化的人，已婚，家境或许尚可。垫江县人章光贵，三十三岁，父故母嫁，弟兄二人，并没妻子，在煤厂内帮工。又是一位单亲家庭的单身者。

四川的挖煤者收入如何呢？嘉庆二十三年，唐泳富雇范应书挖煤，每月工钱一千五百文。嘉庆十一年，萧连怀帮挖煤矿一个月，讲明工钱九百文。铜梁县人李潮斌，帮人挖过四天煤炭，被欠工钱一百六十文，合每日四十文。这两个月工资事例相差很大，都高于河南月工资八百文的水平。日工资的事例则低于山西日短工五十文的水平。

煤的流通、消费以及谋生者

煤的运输流通，北方有驼马，南方水路用船。许多人则从事背煤、卖煤生计。城市、乡村均有煤铺经营事例，饭店、饭铺使用煤做燃料，民间家庭做饭、取暖也用煤。

1. 煤的流通

先看北方。挖出的煤需要运出交易，有些人从事背煤生计。

北方的农业区与游牧区交界区，有使用骆驼运煤的。直隶承德府平泉州回民马成祥扎伤马进滩身死案。马成祥是甘肃平凉府盐菜厅回民，年二十八岁，父亲马怀义六十四岁，母亲马氏今年七十岁，女人马氏，并没兄弟、儿子，他随父亲在喇嘛庙养骆驼拉运煤来生理，和回民马进滩同姓不同宗。嘉庆十二年五月里，马成祥雇马进滩帮拉骆驼，每月工价大钱一千三百文，平日同坐同吃，平等称呼，并无主仆名分，也没文契年限。十三年三月初一日，马成祥因马进滩在路上遗失了一条口袋，把马进滩说了几句，马进滩不服就要辞工，与他算明该找他工价大钱五千二百文，马成祥约他到八沟措给，马进滩不允，立逼要钱，彼此争骂起来。（《分省辑刊》上册，第84—85页）甘肃人在承德府雇人帮拉骆驼运煤，其每月工价大钱一千三百文，较之诸多挖煤或煤窑佣工的收入高出不少，或许是由于骆驼运煤量大且除了人力还有驼力吧。

承德府还有背煤度日的。朝阳县客民冯怀荣因欠钱纠纷伤薛奎身死案，据薛秉义供：

> 小的是山东东安县人，今年七十八岁。在案下水泉子地方寄住。薛奎是小的孙子，向在杨树沟煤窑上背煤度日。合萧魁、冯怀荣都是认识，并没仇隙。孙子薛奎原借欠冯怀荣七百二十文钱没还，小的是知道的。嘉庆六年三月初一日，孙子因煤窑坍塌，做不得活，回到家里住了几日。到十四日早上，孙子告诉小的说要到杨树沟找寻工做，就走出来了。（《辑刊》第2册，第807页）

山东人来承德府为煤窑背煤。

陕西榆林府怀远县的两个案例，都是背煤的。胡交年子因口角打死宋起德案，宋起德是胡交年子的族间姑夫。嘉庆七年春间，宋起德雇胡交年子到他家帮做庄稼，每年工钱七十文，平日亲戚称呼，同坐共食，并无主仆名分。十二月十五日早上，胡交年子赴山背了两次煤炭回来，把肩膀压伤，坐在地上歇息。宋起德催他再去背炭，胡交年子原不肯去，宋起德就骂他懒惰，胡交年子分辩，宋起德说胡交年子顶撞了他，上炕拾取石灯柱向胡交年子扑打。（《辑刊》第2册，第546页）这是农业雇工农闲时为雇主背煤。

另一个事例则是背煤去卖的。怀远县民人刘怀等勒死刘进杰假装自缢私埋案。刘怀、刘爱、刘堂系刘进杰无服族侄，刘进杰弟兄三人，刘进杰居长，与三弟刘进礼迁居安塞，二弟刘进先同妻贺氏仍住该县焦泥洞。嘉庆十一年正月，刘进先病故，贺氏赊棺殡埋，欠钱四千文无偿，兼乏食用。贺氏声言，有人还欠，抚养子女，情愿改嫁。武威因知黄世高欲娶妻室，当向说允，贺氏央刘进甫主婚改适。十二年三月初八日，刘进杰闻知，疑刘进甫主婚得财，前至其家索讨。刘进甫分辩，刘进杰吵闹不休。经劝，黄世高帮钱七百文，刘进杰嫌少，欲得刘进先幼子盖儿带回，贺氏不允，潜令盖儿出外躲避。刘进杰斥黄世高藏匿，黄世高央刘进甫往劝，"路遇子侄刘怀、刘爱、刘堂卖煤回归，告知情由，刘怀等亦随往看。……刘进杰叫骂，刘怀令刘爱、刘堂取出身带背煤麻绳缚其手足，抬至村外空窑"。(《分省辑刊》上册，第600页)可见刘怀等人是卖煤谋生者。

山西有两个卖煤的事例。朔平府左云县安马银因索欠被客民高顺义砍伤身死案，发生于嘉庆十五年十月二十八日，高顺义是五台县人，年四十三岁。父故母嫁，并没弟兄妻子，在左云卖煤度日。(《辑刊》第2册，第890页)归化城回民韩贵因索欠扎伤杨万忠身死案。韩贵是陕西长安县回民，年三十岁。父亲已故，母亲甄氏，年六十四岁。并没兄弟、妻子。他自幼跌坏左腿成废，在归化卖煤度日。（《分省辑刊》上册，第 358 页）这两位卖煤者，三四十岁均未婚，都是独子，其中一人还有残疾，可想而知皆为穷苦之人。

乾隆四十二年（1777 年）十二月，河南人翰宗玉与雇工刘改子同赴辉县，"二十三日，韩宗玉回家，令刘改子驮煤"。（《选编》，第 234 页）这当是买卖煤的事例。

再看南方。清代湖南煤炭业商品生产的发展，湖南的一些城市里，设有专门出售煤炭的铺户和作为中间人的煤炭行户。[1] 刑科题本中湖南事例较为丰富，如常德府桃源县民张沅旦因口角打死沅陵县民李士冠案。张沅旦常至沅陵县贩卖煤炭，寄居李士冠之父李之生家，李之生央托张沅旦将李士冠带至桃源县觅工。（《辑刊》第 2 册，第 786 页）这是贩卖煤炭为生者。湖南还有水路运煤贩卖的情形，如长沙府湘潭县晏秀兰踢死陈西友雇工楚四案。据陈西友供："小的是湘乡县人，向雇楚四帮同驾船贩卖煤炭。乾隆六十年九月二十二日，船到湘潭朱州河下，有素识的晏秀兰来买煤十六石五斗，讲是价钱一千八百八十文，

---

1 李华：《清代湖南农村的采矿业》，《中国社会经济史研究》1990 年第 2 期，第 49 页。

除交尚少钱一百二十文，约二十五日找给。二十三日中午，小的因煤已卖完，另有几处欠的煤钱，叫楚四上岸去取。隔了一会，有雷宗荣来讲：楚四在他门首向晏秀兰讨钱口角被晏秀兰踢伤的话，小的去看，楚四伤重，过一会就死了。"（《分省辑刊》下册，第896页）晏秀兰年二十一岁，湘潭县人，父母俱存，弟兄两人，他居长，没有妻子，他帮湘乡县陈西友驾煤船生理。晏秀兰在雷宗荣门首撞遇楚四。楚四说煤已卖完，就要开船，向晏秀兰讨钱，晏秀兰斥他不该就讨。（《分省辑刊》下册，第896页）贩煤者雇人驾船经营。

2. 煤铺经营

北京客居山西人赵大因索欠打死北京南城人曹八案，据赵大供：

> 我系山西太原府榆次县人，年三十岁。父亲赵琚，年七十岁，母亲任氏，年六十八岁，我并没弟兄，娶妻金氏，没生儿子，只有一女。我父母妻女俱在原籍贤惠村住。我于嘉庆五年十月间来京，在正阳门外三里河大街元贞寺胡同口外，与郭大伙开煤铺生理，赚得钱文寄回养赡我父母的。这死的曹八在我铺内赊买煤炭，我素认识，并无嫌隙。七年十月二十日，曹

八来铺内向郭大赊去煤炭共计京钱两吊零五十文，郭大去讨过几次，他应许十一月二十日给还。是日，郭大叫我到曹八家里要钱，曹八没在家，是他女人回复的，我就走了。"（《辑刊》第 2 册，第 814 页）

到起更时赵大又去打曹八的门要钱，发生争斗，曹八被打因伤死了。那时郭大送煤外出并没在铺。这个北京的煤铺由山西人开设，可以赊买煤炭，煤铺的人送煤上门。

乡村也有煤铺。河南怀庆府河内县民许忝祥等殴伤杜克旺身死案。许忝祥开煤铺生理，与杜克旺邻村。嘉庆十四年四月初七日，杜克旺与杜起吉向许忝祥买煤，议定每斗价钱十二文。杜克旺以许忝祥斗小，欲行让价。许忝祥不允，致相争骂。许忝祥的雇工张世皋拉劝，杜克旺骂他帮护，被张世皋打了心坎一拳。（《分省辑刊》上册，第526 页）因价钱问题，煤铺与卖煤者发生争执。

湖北也有湖南人开的煤铺。宜昌府归州民人杨高武因算煤炭账争闹踢伤周成五身死案，周成五在周文长铺内帮贸，周文长与杨高武因算煤炭账争闹，周成五帮护，被杨高武踢伤肾囊身死。据周文长供："开杂货铺生理，已死周成五是小的族叔祖，在小的铺内帮做生意。嘉庆十二年五月初间，小的向杨高武买定煤炭一百五十石，每石价钱三百四十文，当付钱二十千，言定陆续取用。六月初七日，杨高武向小的预支煤价，小的因前付钱文尚存七千九百四十文，未经批煤，不肯支给。见他铺内货缺，叫他把余钱退还，另行购买。杨高武未允，彼此争闹揪扭。"（《分省辑刊》下册，第861—862页）杨高武是湖南湘乡县人，年二十七岁。父母俱故，没娶妻室，来归州开煤炭铺生理。

湖南在煤垅卖煤。湖南衡州府耒阳县民曹惠南等因买煤纠纷伤罗开受、罗开幅各身死案，据尸弟罗开禄供："嘉庆十七年六月初一日，小的同哥子罗开受、罗开幅各带箩筐、扁担前往曹惠南、王羔昆们煤垅买煤。曹惠南同伙伍汶邦向罗开受每担索钱二十四文。罗开受嫌贵不允，并村斥伍汶邦高抬价值。伍汶邦不服，争闹，拿取扁担打伤罗开受左胁。"（《辑刊》第2册，第651页）王羔昆年五十二岁，耒阳县人。父母俱故，并没弟兄。娶妻周氏，生有两子。王羔昆与曹惠南、伍汶邦、黄继杰、曹惠瑶、曹名聪伙开煤垅生理。

有的是煤场买煤。四川成都府崇庆州民人肖贵因被索添煤戳伤周学泷身死案，据肖贵供："小的崇庆州人，年三十八岁。父母俱故，并没弟兄。娶妻陈氏，没生子女。小的向开煤场生理，与死的周学泷素来认识，并没仇隙。

嘉庆二十三年三月十八日，周学泷与胡万金都到小的场里来买煤炭，议定每五十斤价钱四十五文，周学泷当交小的钱四十五文，小的就称了五十斤煤与他。周学泷恐怕秤头短少，要小的添煤一块，小的不肯，周学泷就自己在煤篓里拿了一块煤炭过去，小的看见，向他拉夺。"（《分省辑刊》下册，第1214页）买家要求多饶一块煤，被卖家拒绝，发生纠纷。

安徽的事例保留了卖煤经营的一些细节。安徽凤阳府怀远县民徐怀瑾等因量煤钱文戳伤陆怀珍身死案。方习万在虞耕山卖煤炭生理，雇了徐怀瑾、胡大刚量煤装篓。向来装煤一篓，徐怀瑾们得辛工钱四文，买煤人出的。嘉庆五年（1800年）十二月二十日，方习万因欠陆怀珍钱九百文，叫徐怀瑾们装煤十篓作钱抵给。二十二日，徐怀瑾到陆怀珍店内讨要装煤钱四十文，陆怀珍不给，争闹。这位徐怀瑾，年二十八岁，怀远县人。父母俱故，并无兄弟、妻子。他同胡大刚一向帮卖煤。方习万量煤装篓，每一小篓向买煤人取辛力钱四文。（《分省辑刊》上册，第221页）所谓辛工钱、辛力钱即辛苦钱，计件付酬。

开煤铺经商的生计较好。客居北京的山西人赵大，与郭大伙开煤铺生理，赚的钱文寄回养赡父母。河南怀庆府河内县民许忝祥，三十六岁，父母俱故，妻子张氏，生有子女，开煤铺生理，应该是个小康之家。也有单身汉开煤铺的，湖南湘乡县人杨高武，二十七岁，父母俱故，没娶妻室，来湖北归州开煤炭铺生理。湖南衡州府耒阳县王羔昆，五十二岁，父母俱故，并没弟兄，娶妻周氏，生有两子，他与其他五人伙开煤垅生理，其家境似乎还可以。

一些资料涉及煤的价格，河南怀庆府河内县许忝祥开煤铺生理，嘉庆十四年四月初七日，有人向许忝祥买煤，议定每斗价钱十二文。湖北宜昌府归州，嘉庆十二年五月初，买定煤炭一百五十石，每石价钱三百四十文，则每斗三十二文。归州的价格较之河内高出许多。湖南衡州府耒阳县，嘉庆十七年六月初一日，罗开受等人到煤垅买煤，每担索钱二十四文，罗开受嫌贵不允，村斥伍汶邦高抬价值。四川崇庆州肖贵开煤场生理，嘉庆二十三年三月十八日，周学泷等到厂里来买煤炭，议定每五十斤价钱四十五文。

结　语

清中叶煤的开采影响了生态环境。刑科题本揭示出清中叶煤炭的开采、流通事例较多，也涉及消费的事例，反映出煤炭成为重要的燃料。煤炭的生产事例遍布大江南北。

细加观察，似乎这时南北方的煤炭开采形态有所不同，东北奉天以及华北直隶、山西、河南、山东诸省区寻找煤窑直接挖煤者较多，而南方则多有租山挖煤，四川、江西、湖南以及广东的事例表明，南方煤的开采也是山场的开发，一定程度上会改变山场生态环境。根据邱仲麟的研究，北京西宛平、西南房山二县的煤矿开采，为山地生态带来影响，最明显的就是地下水大量涌出以致影响到开采。[1]南方租山挖煤影响山场的生态环境恐怕在所难免，如粤东开矿导致生态环境恶化。

清中叶矿业政策与矿业开采之间存在较大的张力。乾隆初年，清廷开放矿禁，民间开矿活动渐趋活跃。嘉庆朝社会政局动荡不安，嘉庆帝以为矿业生产的发展，势必影响农业生产，派生出更多的动乱因素，因而对矿业生产采取明显的封禁政策。不过，民间私采活动并没有因官府的严禁政策而完全消失。从我们对于刑科题本的考察来看，官府针对开设煤窑的政策比较务实，一般来说是允许民间挖煤的，但是如果引发纠纷或在封禁之地开发，则予以禁止，并不是一味采取禁矿政策。实际生活中，民众以煤

为生者还是相当普遍的。事实上，"煤矿的封禁与开采并存，往往开采最盛的时期，也是封禁最频繁的时期"[1]。总的来看，煤炭开采作为维持生计的重要手段，一直存在于清中叶。

清中叶民众以煤为生，虽然一定程度上得益于官府较有弹性的政策，也是来自生存的压力，这种压力影响到官府的民生政策。清代的人口数量，乾隆六年（1741年）一亿四千三百四十一万多口，乾隆五十九年（1794年）增至三亿一千三百二十八万多口，拥有三亿多人口的嘉庆时期，耕地严重不足，民众的生存压力陡增。随着清代用煤需求的增长，挖煤活动活跃，煤的生产、流通、消费，提供了民众谋生手段，煤是民众重要的生计。煤的生产与运输是重体力劳动，在与柴薪并用的时代，煤的价格较为低廉，以煤为生者一般来说收入有限，绝大多数以煤为生者生活不易，艰难地生活于社会。那些多是青壮年的单身汉往往从事挖煤、背煤等活计，为社会提供着热能。

1　林荣琴:《清代湖南的矿业:分布·变迁·地方社会》,商务印书馆2014年版,第88页。

以茶为生

茶是经济作物，也是日常用品，在生产、生活中占有重要地位。清朝刑科题本记载社会经济以及日常生活中发生的命案，由茶引发的案件以及茶在案件无意间被记载都很丰富。我将对清乾嘉时期以茶为生计、茶铺茶馆与社会的情况做一考察。

茶的种植销售与生计

晚清江西万载人龙赓言，宣统元年至二年（1909—1910年）任湖北钟祥知县，任上作《劝农小识》。其中谈到："茶有二类，供饮料者为茶叶之茶，资食料者为茶油之茶。"[1]本文所论之茶，也包括饮料、食料的茶叶之茶和茶油之茶。

茶油之茶，实为油茶树，种子可榨油，供食用。龙赓言的上述认识，应当出自对于故乡茶的观察。在江西，油茶又称茶梓、木梓。刑科题本记载了江西油茶种植引发的纠纷。会昌县，"乾隆三十五年（1770年）八月初三日，张达眉图种庵山，因杨步翰踞屋不还，偕陈赞庭郭诚友携带箩筐扁担，并邀陈青士黎奉山，赴山摘取木梓，并催杨步翰出屋"。（《形态》下册，第437页）杨步翰此前承种庵内田山时，合同载明每年纳租八十三角，木油一百三十斤。木梓所产木油，即茶油。瑞金县萧奇凤弟兄康熙年间将四处木梓山卖与周氏，其山仍系萧姓立赁借耕，每年纳油租五百六十五斤。乾隆十一年八月十六日，萧姓人带了一把锄头、一把修树枝的长柄镰刀，往山修剪木梓。（《斗争》上册，第361页）萧姓立赁借耕木梓山，交纳油租。

除了上述将油茶记载为木梓之外，记载为茶梓的事例更多。江西租山种植茶梓有各种纠纷发生，如永宁县民蓝树荣致伤张周氏身死案。嘉庆六、八两年，蓝树荣与刘邦幅先后承租张姓公共布袋冲一嶂合种茶梓，立有租约。

1　龙赓言：《劝农小识》之《说茶》，广东中山图书馆藏本，第1页B面。感谢罗艳春教授提示该资料。

十五年九月二十七日，张周氏携带箕筐竹钩往山捡柴，路过布袋冲山上，顺拾因风吹落茶梓，经刘邦幅赴山巡逻撞见，当把张周氏箕筐竹钩同茶梓夺回，向蓝树荣告知情由，顺便将竹钩放在堂屋内首，随后张周氏同他侄子张荣俚走来讨还，刘邦幅不肯，与张荣俚争论。（《分省辑刊》下册，第805页）因为捡拾茶梓，被租山种植者发现引发冲突。瑞金县民刘威幅致伤钟文禧身死案。刘威幅一向租钟文禧家大窝子山场栽种茶梓，每年纳租一石七斗。嘉庆十六年八月内钟文禧因刘威幅茶梓出息甚好，说要加租，刘威幅未允。那月二十九日，刘威幅在茶山附近工作，见钟文禧带了尖刀到山摘取茶梓，刘威幅赶向阻止，致相争闹。（《分省辑刊》下册，第816页）山场主人加租，租者不允，主人摘取茶梓，引发冲突。崇义县人黎林养种茶，嘉庆五年七月雇叶秀兴、叶贱狗、李仕才帮摘茶梓，每月工钱各1500文。九月二十四日，因叶秀兴懒惰辞退，欠工钱1000文，约定卖油后找给，二十八日就来讨钱，被叶贱狗等害死。[1]

茶山经营也出现在广大南方地区。福建延平府顺昌县民张汝纹殴伤建宁县民黄凤彩身死一案。乾隆二十年

1　冯尔康：《乾嘉之际小业主的经济状况和社会生活——兼述嘉庆朝刑科题本档案史料的价值》，载《中国社会历史评论》第七卷，天津古籍出版社2006年版，第17—18页。

（1756年），黄凤彩来顺昌县石溪地方，租范潘生荒山开垦种茶，年纳租钱四千文。范潘生病故此山场卖与张汝纹承管。乾隆三十五年，黄凤彩"听说张汝纹见茶茂盛，雇人培养，要自己采取"（《斗争》下册，第634页），于是发生冲突。福建长汀县民钟远思等共殴致伤钟远廷身死案，据尸弟钟远春供，钟远廷是他的胞兄，钟远思、钟远松们都是无服兄弟，同村居住。嘉庆二十二年（1817年）五月间，他同哥子契买钟定玉社背坑山场一块，安葬父亲钟彩玉棺柩，与钟远松茶山上下毗连。二十四年八月间，他和哥子钟远廷因父坟被钟远松山内茶树蔽塞，邀同族房钟远通、钟远奇劝令钟远松把茶山卖给他们管业。钟远松应允，议定山价番银四圆，中酒番银一圆。他们当把价银交与钟远松收受。因在场的人不能写字约，俟另日立契交掌。（《分省辑刊》下册，第1292页）

安徽潜山县人崔向海伙租寺院山地酿命案，据崔向海供：

> 乾隆五十四年十二月，小的与胡有余的父亲胡殿扬议拼僧岚舒的山场，因租价不足，邀了崔自成、崔亦太、崔唐宇、崔鸟学合伙公拼，共出租价七六钱八十一千文，僧岚舒立有拼约，议定七年为满，小的

们在山种植茶叶、黄豆、玉芦，每年按股公分。乾隆五十九年春间采摘茶叶，胡有余因小的出外，把小的名下应分茶叶三斤收去，没有分给小的，六十年胡有余名下应分黄豆三斤半，小的抵扣茶叶也没有分给与胡有余。嘉庆元年九月十五日，小的们六股的人在山摘取玉芦挑在崔自成稻场上公分，每人分得二石五斗，各自挑回，小的先挑了一担回家后又到场上正把存剩的玉芦挑走，胡有余走来说上年他名下应分的黄豆小的没有分给与他，要小的把玉芦补他，小的因黄豆抵了前年的茶叶，不应补还，没有理他。（《分省辑刊》上册，第215页）

于是产生纠纷。

南方的山场还将茶树与桐树一起种植，于是说起山场往往桐茶连用。福建福州府永福县人潘宗保，曾欠监生李用信钱三千文，"乾隆十二年（1747年）十二月间，用信又凑钱一千文，共作银五两，宗保将栽种桐茶山场一处写立卖契，抵还李用信，契载取赎。山仍宗保掌管，每年约纳用信租钱一千四百四十文"。（《形态》上册，第278页）贵州思州府武生杨芳润因索欠被民杨士美砍伤致死案，据尸父杨士陇供：嘉庆二十一年十二月里，"杨士美认租小的地名铁占湾山土，栽蓄桐茶树木，每年租钱一千六百文。二十二年九月初三日，儿子杨芳润向杨士美索讨租钱，杨士美央缓。初十日，儿子又去索讨，杨士美仍前延约。儿子见杨士美在山上收桐子，说租钱未给，不许摘收，争闹相打"。(《辑刊》第3册，第1228页)江西义宁州罗用华因砍桐树事致伤山主萧先告身死案，雩都县人罗用华，年二十六岁，向在义宁州种山度日。萧先告的父亲萧秉耀有土名奉文㘰山场一处，租给罗用华管种，收花纳租。山上茅草原许众人樵采。嘉庆十年七月十九日上午罗用华往山巡查，见萧先告在山砍草，把罗用华栽蓄的桐茶树秧砍坏几株。罗用华叫他往别处去砍，萧先告不依，两相争闹。(《辑刊》第3册，第1264页)桐树也是油料作物。以上3个事例分别出自福建、贵州、江西三省。

茶树还和苎麻、杉木等同种一山。福建安溪县杨和鸣等雍正七年（1729年）批佃陈姓公山，杨姓在此中荒地又有开垦，栽种茶杉，被陈家人查知，出来争阻。乾隆十八年（1753年）三月间，杨姓凑出番银八大圆，向陈家批给承管。新开山畲，栽种茶杉。杨家可以采摘。据杨家人说："近年陈家见茶树茂盛，说那处是火围内的山场，不容小的们采摘。小的们因是用银批给物业，也不许陈家采摘。每到做茶时候，彼此争采，已不止一年了。"(《形态》

上册，第 289 页）于是乾隆二十六年（1761 年）八月初三日杨家人采茶时，发生了命案。浙江江山县民周其效因锄掘松树刃伤詹景堂身死案。嘉庆十二年三月初九日，据詹庭柱投称：其祖遗山地一片，向租与周其效之父栽种茶树、苎麻，带管山上松木。三月初七日，周其效在山上茶地内锄掘小松树一株，詹景堂同詹庭伦等前往查理，砍毁周其效所种桐树、柏木数株，被周其效争阻，用镰刀划伤詹景堂致死。（《分省辑刊》上册，第 711 页）此山同种的还有桐树、柏木。

茶树需要修剪。福建顺昌县寄居民张廷裕因租种山地打死谢世本案。江西石城县民张廷裕，年三十九岁，父故母在，兄弟五人，他行三，并未娶妻，他寄居顺昌县种山度日。嘉庆六年六月，张廷裕向冯世泽租种黄坦州山地一片，议定大年纳租十五两，小年十两，五年为限。七年六月，他种满一小年，纳还租银十两。谢世本见山内出息较好，不拘大年小年都纳租银十五两向冯世泽谋租，冯世泽叫他将山退还，转租与谢世本种作。八月初二日，张廷裕到有己山内修削茶树，谢世本同他儿子谢显胜在冯世泽山上工作。（《辑刊》第 2 册，第 812 页）

摘茶需要人手较多，工作辛苦，工钱问题是引发纠纷的重要原因。如四川汶川县陈三杰因工价纠纷被帮工江西奉新县民甘立爵谋杀身死案。甘立爵年四十岁，嘉庆十年来川与人帮工度日。陈三杰的胞兄陈三俊是贡生，嘉庆十六年四月间，陈氏兄弟请甘立爵帮摘茶叶，原议每月工钱四百文。甘立爵帮了二十多天就害起病来，陈氏兄弟算明工价，把他打发回去。以后甘立爵常来陈氏家里说他摘茶辛苦，还要添些工价，陈氏总没给他。到十七年三月十三日，甘立爵又来说陈氏待他刻薄。不料十七日下午，甘立爵把陈三杰砍伤致死。（《辑刊》第2册，第940页）再如四川峨眉县人黄在有砍伤李万金身死案。据黄在有供："小的峨眉县人，年二十八岁。与李万金向来认识，并没仇隙。嘉庆六年四月间李万金短雇小的摘茶，该欠小的工钱四钱，总没给还。十月二十五日，小的赶场，在不识姓名收荒担上买了一把铁剑拿回家去防夜。那日将黑时候，走到李家塝地方会见李万金，小的向讨前欠，李万金说小的不该拦路逼讨，混骂起来，小的回骂。"（《分省辑刊》下册，第1075页）采茶劳动在南方常见，如浙江金华府东阳县人王和之，三十五岁，乾隆七年"五月初四日和之赴地采茶"。（《形态》上册，第259页）

租茶园的事例也有。四川邛州先正法，乾隆五十五年（1790年）间租种同曾祖小功服兄先正仁茶园给他采摘，每年租钱二千八百文。五十六年（1791年），先正法把当年租钱交清，到五月间，先正仁把夏茶摘去，先正法因家里有事，没去理论。先正法于六月初九日遇到先正仁，向他理论，先正仁说先正法租得便宜，这夏茶只算抵给租钱，于是二人发生冲突。（《形态》上册，第332页）

茶子是种茶树的重要收入。江西广昌县民罗庭俊砍伤罗子来身死案。嘉庆十九年（1814年）八月二十六日，据罗文周投称：族人罗庭俊等租其荒山蓄植树木，因欠租无偿，禀县断令退山，并令其找补罗庭俊等树价钱十千文，他因无钱未给。八月二十五日，其子罗子来同罗奉楼等赴山采摘茶子，罗庭俊斥阻争闹，其子被罗庭俊刀伤顶心身死。据罗奉楼、罗仕及同供："已死罗子来是小的们堂兄。十九年八月二十五日，罗子来邀小的们赴山采摘茶子。罗庭俊、罗庭辅路过看见，罗庭俊说树价未交不应采摘茶子，上前斥阻。罗子来不依，两下争闹。"（《辑刊》第3册，第1321页）广东乐昌县民邱冲斗致伤胞兄邱受华身死，伊父匿报案。邱冲斗同邱受华经父亲给有湖洋坑茶山一所，左右分管立有界址。嘉庆十九年九月初四日，邱冲斗带刀往茶山划草肩，见邱受华在邱冲斗山界内摘取茶子，邱冲斗斥说不该混摘。邱受华不服，举拳打来。（《辑刊》第3册，第1847页）可见茶山的收获物是茶子。湖南浏阳县僧曙南索欠致蔡禄太误伤陈大全身死案，据蔡禄太供："母亲告说僧曙南带同陈大全们多人来把家内布被二床、夏布帐二顶、棉纱二斤、稻谷三石、米五斗、包粟一石、茶子二石、猪一只、羊二只、鸡十只、鸭二只搬取挑去。"（《辑刊》第 3 册，第 1165 页）茶子二石，应该是蔡家重要的经济收入。

清代蒙古地区大量消费砖茶，砖茶还销往俄国的恰克图，晋商是蒙古地区以及中俄茶路的主要贸易人。山西汾阳县民马如洪挟恨谋杀大功服兄案，揭示了砖茶售卖的情形。据马如洪供词：田贵元原姓马，是他的叔兄，田贵元同马如洪叔兄马如彪合伙在伊噜格河地方贸易。嘉庆三年（1798 年）六月间田贵元雇马如洪随同，马如彪、田贵元之子田登科赶牲口往多伦诺尔地方贸易，田贵元仍复在伊噜格河地方居住。马如彪、田登科卖了牲口，置买什物仍归伊噜格河地方，马如洪稍置物件同行也到伊噜格河地方贸易。四年夏季时，马如洪又跟同马如彪、田登科往多伦诺尔卖了牲口置买物件，马如彪叫马如洪同田登科起身回归，他自己往张家口去了。马如彪又到库伦就往恰克图，并没往伊噜格河地方去，马如洪"同田登科于十二月初头到了喀拉河地方，因雪大牛毙，将茶砖二十块寄放在彼居住之民人曹玉恭家。此项茶砖内有田登科铺子里的砖茶十块，有我自己的十块。是月十七日到了伊噜格河地方，我自己仍复在田贵元铺子里住下，出银公同吃饭。本年二月十六日我往喀拉河地方曹玉恭家取所放的茶块去，因途中雪大不能行走，暂在伊家居住。三月初十日田贵元自伊噜格河地方起程，往喀拉河地方讨账，到曹玉恭家取所放的茶块，叫我帮他搭帐房，我就走出同我的工人搭好了帐房，田贵元就在曹玉恭家住宿一夜，小的亦不回归，在他帐房内住了一夜。十一日，早田贵元就回帐房，小的与他商议恳将曹玉恭家所放的十块砖茶借给我，与曹玉恭、胡光裕伙同贸易，田贵元说不管，小的见他不肯借，就回曹玉恭家，烦胡光裕请他来再行商议。他说你要贸易，由你自己罢，我所放的茶块我自己必定要用的，就回他的帐房。十二日，小的因无食肉，又往他的帐房借肉，他不念亲情，忍心不借，小的见他恩断义绝，心里忿恨，随起意将他谋杀"。(《辑刊》第 1 册，第 18 页）这个故事告诉我们，晋商参与从张家口到恰克图以及附近地区的砖茶贸易，其冬季经商尤为艰辛。

茶的销路主要还是内销。福建建阳县民妇雷江氏勒死夫侄雷长子图赖江千仔未成案，据江千仔供："嘉庆十二年间，雷安种茶发卖，陆续赊欠小的篾篓钱九千八百文未还。"(《分省辑刊》下册，第 1284 页）江千仔应是为种茶发卖的雷安提供篾篓者，雷安赊欠引发纠纷。湖南石门县客民黄笃志因索欠事致死外姻缌麻表弟刘正松案。嘉庆十年十一月二十三日，据县民刘序昭报称："蚁外甥黄笃志赊欠蚁男刘正松茶叶钱二百文未偿，本月二十日蚁男在李万香门首遇见黄笃志收有工钱，向索争闹，被黄笃志用刀戳伤身死。"（《辑刊》第1册，第431页）这也是售茶引发的纠纷。

南方一些地区挑担卖茶。广东阳春县民肖亚手因卖鱼纠纷伤连儒端身死案，据信宜县民连儒松投称，其弟连儒端向在阳春县挑卖茶叶生理。（《辑刊》第2册，第688页）福建建宁县民廖荣光因盗卖祖山殴伤无服族兄廖贵显身死案，据廖荣光口供，他因外出生理，"肩挑茶叶回家，路遇廖贵往田捡豆，斥骂小的不应盗卖公山"。（《辑刊》第1册，第328页）很可能廖荣光是在做茶叶买卖。

寺院往往从事茶叶的生产与销售。安徽龙井庵僧人松和打死窃贼张和尚案，据安庆巡抚荆道乾疏称："缘僧松和自幼在龙井庵披剃出家，拜代月为师后，即出庵云游，与张和尚素识。乾隆五十七年，代月身故，松和回庵住持。王凡承佃庵产茶山，欠租退佃，另招王凡之弟王志璜接佃。六十年五月间，松和将庵内茶叶雇张和尚代批售卖，按日给工钱八十文，行至中途饭店，张和尚将茶叶担内钱一千三百文窃取而逸。松和因被窃无几，未经报缉，旋卖茶而回。嗣王志璜欠租不给。嘉庆元年，松和欲令退佃。"（《辑刊》第 3 册，第 1126 页）再如安徽广德州民人赵嗣磐等为免讹诈谋杀大功服兄赵嗣闲身死案。据僧元渭供：他与赵嗣闲、赵嗣磐均邻近熟识。"赵嗣磐原租云姓房屋被赵嗣闲占租，无处栖身，就在僧人庵里借住。赵嗣磐另租云姓茶山一块也被赵嗣闲强采茶叶，因此赵嗣磐与赵嗣闲素有嫌隙。十二年十一月初七日，赵嗣闲同周老六先后到庵，与工人田末牙闲谈。僧人起意跌钱赌博，赵嗣闲们应允，各用零钱作马记数，赌毕结算。周老六赢得赵嗣闲现钱二百多文、田末牙现钱七百多文，僧人输给赵嗣闲钱十千五百文，因数多，不能归结。僧人叫田末牙邀赵嗣闲相好的倪勇祥调处，议作田折算，还该钱四千二百文，僧人已两次还清。十二月二十日，僧人有老病耕牛一条不能耕田，僧人同赵嗣磐宰剥卖钱。赵嗣闲知道，就来讹诈，要僧人找还他前次减让赌钱六千三百文。僧人不依，赵嗣闲说要把私宰的事告官究处。僧人怕事应允，因无钱付给，恳赵嗣磐担承，约俟十三年四月间茶山成熟，卖钱归还。到四月初头，赵嗣闲向僧人讨钱，僧人因茶价未收，没钱付给。赵嗣闲又向担承的赵嗣磐逼讨，赵嗣磐代僧人央缓，赵嗣闲说赵嗣磐与僧人串同骗赖，当向僧人们争吵，是周老六劝散的。初九日，赵嗣磐约同僧人并周老六上山采茶，那知赵嗣闲先在赵嗣磐地里采摘，说他担钱不还，要把他茶叶采去卖钱抵算。"（《分省辑刊》上册，第263页）该寺拥有茶山，摘茶卖钱。

四川也有寺院种茶发卖事例。邛州僧人禅青打死雇工李秀贵身死案。乾隆六十年六月十六日，僧人往外收取茶叶价银二十两，装在身边拴裤的兜袋内，挨晚回寺。（《分省辑刊》下册，第1016—1017页）安县岳玉彪因索欠殴伤僧心明致死案，据岳玉彪供：嘉庆九年，出押租钱二十八千六百文，佃得龙老山僧心明土地耕种。十七年，僧心明把山地取回自耕，退还他押租钱二十五千六百文，欠钱三千文。原约第二年七月里清还。他把家口搬回崇庆州去了。十八年八月间，他过来讨钱，僧心明无钱央缓，留他在寺等卖茶叶归还。他等了一个多月，打听得僧心明茶叶已经卖去，还没还钱。（《辑刊》第3册，第1171页）

茶铺茶馆与社会

一般来说，茶铺是经营茶叶的商号，茶馆是喝茶的地方。但有不少事例说明这一划分并不严格，往往是兼而有之，而茶店也存在兼营的情形。

清中叶各地经营茶铺、茶馆者甚多，茶铺、茶馆主人以之为生计，民众利用茶铺、茶馆购茶、饮茶，开展社交，展示出茶铺、茶馆与社会的密切关系，显示出"非日常性饮食范畴进一步日常化"[1]。

四川的茶铺事例较多。成都府彭县刘化南因财礼钱戳伤女婿赵棕榜身死案。崇庆州人刘化南，年四十六岁，父母俱故，并没弟兄。娶妻张氏已死，生有一女。来到彭县开设茶铺生理。(《辑刊》第1册，第476页）邛州民朱添喜撞获通奸砍伤朱陈氏身死案，据钟二贵即雷国顺供："小的邛州人，年三十四岁。父亲雷添贵早故，母亲吴氏改嫁到蒲江县钟姓家里。小的随带过门，就改姓名。并没弟兄妻室，向开茶铺生理。"(《分省辑刊》下册，第1109页）这两位开茶铺者家庭均有重大变故，都是中年孤身一人生活。

茶铺里雇有帮工。潼川府遂宁县客民杨租恩因支取工钱砍伤雇主肖贵致死案，据杨租恩供：

> 小的安丘县人，年十九岁。父亲杨绍庆，年五十六岁，母亲蒋氏，年五十四岁，小的（弟兄）三人，小的行二，并没娶妻。嘉庆十八年二月初四日，

---

1 王鸿泰：《从消费的空间到空间的消费——明清城市中的茶馆》，载《上海师范大学学报（哲学社会科学版）》2008年第3期，第56页。

小的来到遂宁地方寻工，肖贵就雇小的在他茶铺帮工，每月工钱五百文。平日同吃同坐，平等称呼。四月二十一日，小的要支工钱买鞋，肖贵说小的欠有布钱没还，不肯支给，还说小的每日与人打伙吃酒，不肯照料生意，是袁高应们把肖贵劝住。小的因他不肯支钱反把小的当众村斥，有伤脸面，心里怄气，起意把他致死。（《辑刊》第 3 册，第 1439 页）

这是一位十九岁的年轻茶铺帮工，每月工钱五百文。帮工因支钱被拒，与雇主发生冲突。

保宁府阆中县民王登才因借钱纠纷致死同乡殷全案。王登才年三十八岁，向来卖茶生理。嘉庆十五年七月初五日下午，他在门首拴捆篾棚，殷全来向其借钱，他回复没钱。殷全说他薄情，口里混骂，他也回骂。（《辑刊》第 2 册，第 617 页）王登才拴捆的篾棚，可能就是卖茶水的茶棚。

集场往往设有茶店。便于外出的人们饮茶休息、见面以及获取各种信息。重庆府巴县民尹心成等因索讨证人费用起衅殴毙吴德数案。嘉庆十六年正月十四日，尹心成同族兄尹心安到土主场赶集，走到蔡允禄茶店门首遇见吴德数。（《辑刊》第 2 册，第 630 页）

吃茶已经深入社会生活。重庆府铜梁县赵瑞久因中人汤允秀挪用地价将其殴伤身死案。嘉庆十五年五月十八日，赵瑞久同叔子到凉水井赶场，见汤允秀在丁添贵店内吃茶，向汤允秀讨钱。汤允秀以不该逼讨伤他颜面，口里混骂。（《辑刊》第3册，第1775页）还有四川叙州府长宁县民人杨文华因土地纠纷砍伤李文辅身死案。嘉庆十年十月内，李文辅的堂弟李文星把田当与贡生罗学圣耕种。十一年三月二十八日上午时候，罗学圣在杨老三店吃茶，李文辅进店说罗学圣不该夺当李文星田地，出言混骂。（《分省辑刊》下册，第1103页）

安徽人开设茶馆吃茶。阜阳县民人连化昌等因索欠共殴翟雨身死案。嘉庆十年三月间，连化昌出本钱十千，与翟雨伙开茶馆，言明赚钱折本公分、公认。后因折本歇店，结算账目，折了本钱四千。翟雨本该认赔两千，连化昌屡讨没还。（《分省辑刊》上册，第251页）他们合伙开茶馆并未成功。怀宁县佣工张扬因债务戳伤佣工高正子身死案。嘉庆二年四月初一日，张扬向高正子借钱二百文，约定初三日归还，至期未偿，初四日高正子在马焕章茶馆吃茶，见张扬进店，向讨欠钱口角，被张扬用解手小刀戳伤高正子左臀。（《分省辑刊》上册，第217页）茶馆容易见到相识的人，说明茶馆成为公共交往的场所。桐城县民夏德兴因口角扎死朱在宽案，朱在宽开灯笼店生理。嘉庆二十一年九月十七日傍晚，夏德兴在门前持刀劈篾，朱在宽走至，邀赴茶馆饮茶。夏德兴允从，顺将刀插在腰边，同至鲍小茶馆吃茶。朱在宽言及生意甚忙，约令夏德兴帮其工作。夏德兴因自己亦有生意，并忆及从前曾帮朱在宽做工，尚欠工钱未清，当以无暇回复。（《辑刊》第3册，第1870—1871页）可见茶馆饮茶已是当地人际交往的重要形式。

江浙的茶店，也是吃茶所在。江苏如皋县民王耀文因被索田价踢伤孙钱氏身死案，据王耀文供："嘉庆十一年二月初八日午后，哥子同小的在徐志标茶店吃茶，孙元魁同他妻子钱氏走来向哥子催讨田价争闹。"（《分省辑刊》上册，第187页）这也是在茶店找人办事。浙江钱塘县客民杨升因索钱伤王大贵、赵毛身死案，陈耀祖开张茶店生理。已死赵毛是仁和县人，同汪德都在其店内帮伙。嘉庆十九年五月十六日，汪德患病，雇福建兴化县人杨升来店替工，言明每日工钱七十文。六月十六日，汪德病好回店，共给他银工钱二千一百文。杨升因店中带卖水烟利钱向归店伙分用，要汪德分给，汪德不允。下午时候，杨升吃醉了酒，又到陈耀祖店内向汪德索讨。争斗中，吃茶的王大贵揪住杨升衣领，杨升用刀吓戳，适伤王大贵咽喉倒地。王大贵原籍慈溪，在杭城居住。（《辑刊》第2册，第984页）钱塘县是杭州的附郭县，事发地点在杭州，从中可见大城市茶店，当地人雇用外省人打工，每日工钱七十文，每月工钱则是二千一百文，比前述四川帮工的每月工钱五百文高得多，虽然当地经济繁荣，工资较高，但也不至于如此之高，恐怕是临时急用替工，而代替时间有限造成的。

云南的事例说明，县城衙门附近开设茶铺。罗次县差役李朝元等共殴王添庆身死案，刘绍广在县署前开茶铺生理。嘉庆十三年二月十六日，县差役李朝元在刘绍广的铺内闲坐。"有小差张进受同了王添庆走来，说赵纶书具告王添庆一案，人证都已传齐。李朝元叫张进受去写到禀。王添庆说要亲戚家去上祭，明日再来听审。李朝元不肯，说已去通禀，应候县主吩咐，如何就要回去。王添庆说李朝元有意刁难，彼此争闹。"（《分省辑刊》下册，第 1443 页）县衙附近开设茶铺，位于县城的中心地区，生意或好。

清中叶北方饮茶深入生活，茶铺、茶馆众多。京师是大都市，茶馆尤多。京城客居民侯思可因索欠踢死满洲镶黄旗护军佟德案，侯思可系山西汾州府平遥县北家庄人，年五十五岁。于嘉庆三年十月来京，在东直门内四眼井地方开茶铺生理，与这已死护军佟德平素认识，并无嫌隙。佟德时常在侯思可铺内吃酒喝茶，陆续赊欠侯思可京钱八百五十文，侯思可屡向佟德讨要，总未清还。侯思可来京开设茶馆，时常寄银养赡母亲。（《辑刊》第3册，第1678页）这个事例说明茶铺与茶店的区分并不严格，二者兼而有之。山西人到京城谋生开茶铺，顾客多旗人，喝茶赊欠。京师阿林用刀扎伤富森布身死案。据阿林供，嘉庆六年九月二十七日"我出门该班，撞遇富森布向我讨要归欠他的钱三吊，我说你还欠我两月利钱，连本钱共五十三吊，或扣利钱或扣本钱都使得。富森布不依，说我欠他的钱在前，借钱在后，总要先还了他的钱，然后给我利钱。我见他有些醉了，没有纷争，随邀他到茶馆里喝了茶"。（《分省辑刊》上册，第30页）这是旗人欠钱请人喝茶缓和关系。

宛平县是京师顺天府的附郭县。宛平县民唐良儿因不允借钱殴伤郑七儿身死案。臧三系宛县人，年二十四岁，在蓝靛厂开茶馆生理。本年正月二十日日平西时，有素识的曹五、刘住儿在臧三茶馆喝茶。后唐良儿同郑七儿也来喝茶，他们四人一同坐下。喝完了茶，唐良儿给了茶钱，郑七儿见唐良儿有钱，向唐良儿借用。唐良儿说家内等着买米，不肯借给，郑七儿就抓了六七十钱往外跑走。唐良儿赶上，将他拉住索还，郑七儿将唐良儿推跌在地。唐良儿爬起向郑七儿夺钱，郑七儿又向唐良儿推去。唐良儿用手拿的烟袋向上搪抵，致烟袋扎伤郑七儿左眼胞，跌倒躺地。(《分省辑刊》上册，第72页）这是发生在茶馆的债务案件。宛平县民王三因索欠打死顾二格案，据王三供："我系顺天府宛平县人，年二十一岁，……嘉庆七年间，顾二格常雇我抬扛，陆续欠我京钱一千八百文，屡讨不给。本年九月十二日，我在阜城门外关厢地方，撞遇顾二格复向讨要，顾二格仍复无钱，我不依争吵，被顾二格将我两膝踢伤，经过路人劝散。十三日早，我走至阜城门内大街，买了有木鞘小刀一把带回使用，后我走至当街庙地方茶铺内喝茶，适遇顾二格同扛头张大、韩六儿也在那里喝茶。我又向顾二格催讨钱文，顾二格不给，口称如再催讨就要殴打，我不依彼此揪扭出铺。"(《辑刊》第3册，第1703页）这是债务纠纷相遇茶铺的故事，该茶铺也喝茶。

直隶的茶铺事例也较多。沧州回民冯义因赊取粮食扎死回民马三案，冯起是南小庄回民，三十三岁。冯义是其父亲，母亲尹氏，并没兄弟，只有两个儿子。冯起一向开茶铺生理。与马二、马三都是认识相好。嘉庆七年三月里，边大借了冯起二千五百大钱没还。(《辑刊》第3册，第1518页）这是开在乡村的茶铺，还有开在县城的茶铺。藁城县民王书因索欠事致死张幅贵案，藁城县生员范恭，一向在本县西街开茶铺生理，冯六是范恭茶铺里伙计。嘉庆十一年二月二十八日早上，张幅贵、张幅荣到铺里喝茶。

王书喝醉了酒也进铺来，张幅荣邀他同桌喝茶。王书向张幅荣讨要欠钱，争吵起来。据张幅荣供：张幅宁是其大哥，张幅贵是二哥。嘉庆九年春间，他雇王书的牛驴耕地，欠他四百二十大钱雇价，王书屡次讨要，总没给还。嘉庆十一年二月二十八日早，他和二哥张幅贵在范恭茶铺里喝茶，王书喝醉了酒也进铺去。张幅荣邀他同桌喝茶，王书又向其讨要欠他的雇价。张幅荣因王书当众索欠，使他没脸面，心里生气，于是和王书争吵。（《辑刊》第2册，第595—596页）该茶铺也喝茶，茶铺具有社交性，是公共场所。茶铺前容易遇到熟人，赵州民程潮因索地契砍伤同村人张清致其身死案，据张明投称：其兄张清借给程潮大钱七千文无偿，程潮将地四亩写立当契，令其兄找主当钱，将欠项扣除，余钱给还。嗣其兄因找无当主，将地自种。嘉庆二十三年四月初十日，其兄在沙河店顼八茶铺门首与程潮撞遇，程潮向其兄索讨地契不给，致相争吵，被程潮用刀砍伤回家。（《辑刊》第2册，第742页）

茶铺经营不太容易，但人们还是在茶铺打工谋生。直隶故城县冯二被客民马象九推跌身死案，据袁德魁供：开茶铺生理。王瘸子前在其铺里做工。十四年八月里，冯二拿了五百大钱交王瘸子藏放。后来，王瘸子把钱花用，冯二屡讨没还。九月里，他因铺中没有买卖，把铺停歇，王瘸子就往别处佣工去了。据马象九供：是山东恩县回民，年三十二岁。向在故城县郑家口袁德魁茶铺间壁做卖包子生理，赚钱带回原籍养活母亲。嘉庆十四年十一月初十日将晚时候，他见冯二喝醉了酒，说袁德魁的工人王瘸子用他五百文大钱没还，人也躲避不见，在街嚷骂。他出去解劝，冯二说他帮护，被他顺手向推。（《辑刊》第 2 册，第 867 页）

西北地区也有茶铺。陕西安康县客民毛起珑因房租事殴伤傅兴身死案，盛宁县人毛起珑，年五十岁，随嗣父寄居安康佣工度日。嘉庆十三年，租王希胜瓦房二间开茶铺生理，议定每年房租钱六千文，按四季交付。雇湖南零陵县人傅兴在铺帮伙，每月工钱四百文都已支完。十四年三月二十一日，他应交王希胜春季房租钱一千五百文，当即照数给傅兴送去。随后傅兴转回说已交付，王希胜查收了。四月二十四日早，傅兴出街去买茶叶，王希胜走来讨要春季房钱，他说已着傅兴送交，等傅兴回来问明再讲，王希胜就走了。早饭时，傅兴回铺，他查问，傅兴才说出把房钱花用了。他因傅兴侵用房租，把他斥骂。（《辑刊》第 3 册，第 1411 页）湖南零陵县人傅兴到陕南安康茶铺打工，每月工钱四百文，略低于前述四川遂宁茶铺帮工每月工钱五百文。

东北奉天的茶馆也比较普及。开原县客民张信因索讨菜钱起衅戳伤回民丁自仁身死案，张信是直隶宁河县民，年二十四岁。父亲张必成，年五十七岁。母亲杨氏，年五十五岁。胞兄张宽，胞弟张发。女人陈氏，生有一女。张信早年跟父母出关到奉天居住，挑卖小菜度日。张信与丁自仁素日认识，并无仇隙。嘉庆十五年四月二十一日，张信在南街路东租安成业地基，开菜摊生理。五月初二日起到六月里，有对面开茶店的回民丁自仁陆续向张信赊去菜蔬，市钱二千八百文，总没有还。（《辑刊》第3册，第1559页）这是茶店主人向卖菜摊贩赊菜，他们同街经营。广宁县旗下家奴高烟因债务纠纷殴伤董二身死案。嘉庆十六年正月，董二借了高烟市钱四千。后来，高烟向他讨要过几次，总没给还。本年二月里，高烟在闾阳驿清茶馆遇见董二。（《辑刊》第3册，第1506页）"清茶馆"当是茶馆的店名。承德县旗兵七十一因索欠戳伤旗兵三音图致死案，七十一是镶黄旗蒙古塔尔福善佐领下兵，年三十五岁。嘉庆十八年三月十二日，他向三音图借布衫一件，当钱一千，未经赎还。三月二十三日，他遇见三音图，向他要钱，他把三音图邀到茶馆，央求宽缓，三音图不依逼讨。（《辑刊》第3册，第1633页）茶馆充当了解决问题的场所。有的茶馆又叫茶饭铺，顾名思义，大约也是兼有饭铺的功能，如奉天新民厅旗人刘进忠因债伤民于景义身死案，据刘行供："小的是旗人，在案下充当屯达。二十一年六月二十三日晌午时，小的合韩经在茶馆里吃茶。"(《辑刊》第3册，第1649页）刘进忠是内务府镶黄旗管下园丁，年二十三岁，在半拉门堡居住。父母俱故。胞兄刘进孝，胞弟三儿、五儿，刘进忠并没娶妻生子。已死于景义素日与刘进忠认识。二十年四月里，刘进忠雇给本堡王得章、韩经茶饭铺里吃劳金，讨要账目。于景义赊欠铺里茶饭市钱二十多千，没还。七月里，王得章叫刘进忠到于景义家讨要两次，于景义都没有在家。以后刘进忠在本堡街上遇见于景义，刘进忠向他讨要钱文，于景义说刘进忠拦路要钱给他没脸了，把刘进忠骂了一顿，又到铺里把器具砸坏。(《辑刊》第3册，第1649页）茶饭铺雇有帮工，主要工作是"讨要账目"，可见当地茶饭铺赊欠严重。从案例中赊欠未果还被打上门来看，可见赊欠者的蛮横。

结　语

茶包括饮料、食料的茶叶之茶和茶油之茶。

首先，茶的种植销售与生计。茶油之茶，实为油茶树，种子可榨油，供食用。江西的茶油树又称茶梓、木梓，木梓所产木油，即茶油。刑科题本记载了江西油茶种植引发的纠纷，租山种植茶梓有各种纠纷发生，如捡拾茶梓被租山种植者发现、山场主人加租租者不允、主人摘取茶梓、讨要摘茶所欠工钱被山主害死等。茶山经营出现在广大南方地区，南方的山场还将茶树与桐树、苎麻、杉木等同种一山，故有"桐茶"等说法。茶树需要修剪，摘茶需要雇工，工钱问题往往是引发纠纷的重要原因。还有租茶园的事例。茶子是种茶树的重要收入。不同工作的帮工，工钱差别较大。江西崇义县嘉庆五年七月雇工帮摘茶梓，每月工钱一千五百文。而四川汶川县嘉庆十六年四月间，陈氏兄弟请甘立爵帮摘茶叶，原议每月工钱四百文。从以后甘立爵常来陈家里说他摘茶辛苦还要添些工价来看，这一工钱确实较低。

清代蒙古地区大量消费砖茶，砖茶还销往俄国的恰克图，晋商是蒙古地区以及中俄茶路的主要贸易人，刑科题本揭示了山西汾阳人砖茶售卖的情形，砖茶贸易尤为艰辛。茶的销路主要还是内销，南方一些地区挑担卖茶，寺院往往从事茶叶的生产与销售。

其次，茶铺茶馆与社会。清中叶经营茶叶、提供喝茶的店铺广泛分布各地，各地店铺之称有所差异。在南方，四川多以茶铺为名，茶铺里雇有帮工。集场往往设有茶店，吃茶已经深入社会生活，便于人们饮茶休息、见面以及获取各种信息。安徽人开设茶馆吃茶，茶馆饮茶已是当地人际交往的重要形式。江浙吃茶于茶店。云南的一个县城衙门附近开设茶铺，说明县城中心地区生意或好。北方的茶铺、茶馆也众多。山西人到京城谋生开茶铺，顾客多旗人，旗人喝茶多赊欠。直隶茶铺也喝茶，茶铺具有社交性，是公共场所，也是谋生手段。西北陕西安康县的茶铺有湖南人佣工度日。东北奉天的茶馆也比较普及。

茶铺里雇有帮工。关于雇工的工钱，陕西安康县客民毛起珑，年五十岁，嘉庆十三年租房开茶铺生理，雇湖南人傅兴在铺帮伙，每月工钱四百文。四川潼川府遂宁县嘉庆十八年二月，肖贵就雇十九岁的杨租恩在其茶铺里帮工，每月工钱五百文。浙江钱塘县陈耀祖开茶店，嘉庆十九年五月，雇福建人杨升来店替工，言明每日工钱七十文。如此，每月工钱则是二千一百文，远高于前述陕西、四川帮工的每月工钱四五百文，虽有一定的偶然性，但也一定程度上反映出杭州经济繁荣与工资水平高。结合前述摘茶雇工工钱的事例，推测西部川陕地区普通雇工工钱较低，每月四五百文，中部江西采摘茶籽每月工钱一千五百文大约是中游水平，东部杭州的工钱较高

诸多的纠纷导火索与面子问题有关。奉天新民厅旗人刘进忠因债伤民于景义身死案。嘉庆二十年四月里，刘进

忠雇给茶饭铺讨要账目。于景义赊欠铺里茶饭钱没还。以后刘进忠在本堡街上遇见于景义，向他讨要钱文，于景义说拦路要钱给他没脸了，把刘进忠骂了一顿，又到铺里把器具砸坏。路上被讨账认为是没脸的事情，结合本文第一部分中提到的四川峨眉县人黄在有砍伤李万金身死案，李万金说黄在有不该拦路逼讨，也认为不能拦路讨账，可见这是一种民俗。茶馆是公众场所，如果当众被讨账也被认为有伤颜面。直隶藁城县西街有茶铺，嘉庆十一年二月二十八日早上，张幅贵、张幅荣到铺里喝茶。王书进铺来向张幅荣讨要欠钱，张幅荣因王书当众索欠，使他没脸面，心里生气，和王书争吵起来。四川重庆府铜梁县，嘉庆十五年五月十八日，赵瑞久同叔子到凉水井赶场。见汤允秀在丁添贵店内吃茶，向他讨钱。汤允秀以不该逼讨伤他颜面，口里混骂。四川潼川府遂宁县肖贵就雇十九岁的杨租恩在其茶铺里帮工，嘉庆十八年四月二十一日，杨租恩要支工钱买鞋，肖贵不肯支给。杨租恩因他不肯支钱反将其当众村斥，有伤脸面，心里怄气，起意把肖贵致死。这些事例令人感到所谓被伤及颜面者，一方面本来无理，是以颜面为托词，为己开脱，另一方面，茶铺确实是公共场所，被讨账会使欠账的信息曝光并传播开来，大庭广众之下也的确有失颜面。

演戏艺人

　　戏剧活动在民间生活中占有重要地位，民众生活需要看戏调节，通过看戏进行社会教育，逢年过节演戏敬祖，祈福还愿也离不开演戏。对于演戏者而言，演戏是谋生手段，戏班是演戏活动的组织。演戏活动中常有经济问题发生，引发纠纷甚至导致命案，可以探讨民间演戏活动以及艺人生活等多方面的社会生活。

戏班演戏活动与艺人

　　清代地方戏勃兴，民间小戏班活跃在各地。伴随演戏活动，也时常发生各种纠纷。

　　我们先看北方的事例。河南祥符县戏子李进才因债务纠纷砍伤戏班管事范百旺身死案。嘉庆十五年六月十二日，开封府尉氏县人王进潮领戏班在镇演戏。有同班李进才因范百旺借钱争闹，李进才用刀砍伤范百旺身死，并自用小刀扎伤肚腹。事情还得从六月初十日说起，范百旺的哥哥范百兴从省城回家，顺便向兄弟讨取盘缠。兄弟又向李进才借钱，于是发生了这起案件。至于戏班的具体情况，还得参考事主李进才的供词：

> 叶县人，年四十三岁。父母俱故，并没兄弟，也没妻子。向在王进潮班内唱戏度日。已死范百旺向日掌班。因他时常吃酒花钱，王进潮更换小的掌管班事，范百旺心怀不平。嘉庆十四年四月间，范百旺向小的借了六两银子、一千二百五十文钱。屡次催讨总没清还。小的合他吵过几次。十五年四月间，范百旺乘小的回家，又把小的存放的被褥、布单、棉袍、布衫等件私自当钱使用。小的碍着同班情面，也没计较。六月初十日晚上，范百旺又向小的借钱。小的没钱，回复。范百旺不依嚷骂，小的分辩，范百旺扭住小的要打，是王进潮们劝散的。十一日早上，小的走到范百旺屋里村斥他不该如此逞强，并向索讨旧欠。范百旺争辩，就向小的撞头拼命。小的想起范百旺屡次强借

银钱、衣物不还，反被打骂，实在恨极，一时起意把他杀死泄忿。(《辑刊》第3册，第1773—1774页)

该戏班三人，由不同地方的人组成，开封府尉氏县人王进潮，开封府鄢陵县人范百旺，南阳府叶县人李进才，在开封府祥符县演戏。清代的祥符县也是省治、府治所在地，即今开封市，是省会级大城市。祥符的城市繁荣，为戏剧提供了舞台，使得同府不同县甚至不同府的艺人组合成戏班以唱戏为生。该戏班班主是王进潮，还有管理账目等的掌班，掌班可以轮换。纠纷起因是发生在戏班成员之间的借贷问题。

山西朔平府戏班领主张成英打死戏员赵奇案。嘉庆元年六月十二日傍晚，赵奇在兴旺村外被张成英讨要支用钱文起衅，用马缰绳打伤，至十六日午间赵奇因伤身死。赵奇是大同府应州人，年三十五岁，唱戏度日。于泰是大同县人，领戏生理，赵奇、李通顺子向在他的班内唱戏，乾隆六十年十月内赵奇、李通顺子先后出去，到十二月二十日外仍回班内。李通顺子是代州直隶州繁峙县人，"与赵奇向在于泰班内唱戏，乾隆六十年十月间小的合赵奇因于泰班内股份不多，先后到张成英班内，讲定小的二十股内分八厘，赵奇每年合股钱十六千文，随后赵奇支用钱九千文，小的支用钱三千文，十二月二十日小的们又要支钱，张成英不肯，二十三日小的合赵奇仍回于泰班内"。（《分省辑刊》上册，第294页）张成英是代州人，年三十九岁，寄住和林格尔地方领戏度日。嘉庆元年六月初九日，他骑马往本镇地方讨账，十二日午前路遇保元庄，探知赵奇、李通顺子在庙唱戏，他找见于泰告知前情，于泰叫他领走。到了兴旺村外，发生斗殴，至成命案。这一案件涉及于泰、张成英两个戏班，他们是戏班的领戏人，即班主，分别雇过赵奇、李通顺子两位唱戏的。戏班内收入，两个戏班均实行股份制，赵奇、李通顺子先在于泰戏班，因股份不多跳槽张成英戏班，又因透支不准重新回到于泰戏班。而张成英索要透支钱文导致命案。该案件涉事人员来自山西北部相邻的朔平府、大同府、代州直隶州，可见这一地区有跨府州的戏班，演戏活动较为活跃。

山西代州直隶州的演戏活动还有事例。该州崞县民皇甫元等因债务纠纷共殴杜得旺身死案。嘉庆十二年正月初一日，有杜得旺同伨杜德因在村管领戏班之皇甫元等欠钱无偿，前向拦阻戏箱，不许出村，互殴。杜得旺被褚彩彩子、皇甫元共殴身死，杜德亦被高庭照砍伤殴伤。据高庭照供：

年二十九岁。父亲高黄，母亲郭氏，年俱六十四岁，并没弟兄。女人张氏，一个儿子。小的向合皇甫元、褚彩彩子伙领戏班营生，与杜得旺合他侄子杜德认识没仇。嘉庆十一年十二月初五日，小的合皇甫元们向杜得旺借银五十两、钱九千文，并借当衣服四件，说定银钱按月扣五起利，衣服年内赎还。十二年正月初一日，小的合褚彩彩子们用车装载戏箱要往外村唱戏，杜得旺同他侄子杜德走来拦阻逼讨。(《分省辑刊》上册，第346页)

这个乡村戏班，由高庭照、皇甫元、褚彩彩子伙领，元旦外出唱戏前借银钱、借当衣服，说明其经济能力有限。

陕西鄜州直隶州也盛行演戏活动。该州民人李苟三扎伤孙实身死案，据李苟三供：

鄜州人，年三十七岁，父母俱故，有妻李氏，生一女儿。与孙实素好无嫌。孙实与雷泳才、蒙学海们先领小的灯戏箱唱戏，言明得钱四股均分。嘉庆十四年二月二十六日，孙实来说他们俱要回家务农，就把戏箱交还，并说他使了小的应分箱钱一千一百文，约俟再来领箱归还。二十八日早，小的携带镰刀赴山割草，听得孙实们另领高居仁的戏箱，在高大义家唱戏。

小的去向孙实讨要前欠，孙实说小的当众讨钱，伤他脸面，混骂起来。（《分省辑刊》上册，第620页）

于是发生斗殴，造成命案。不过案情需要补充说明孙实等借口回家另领戏箱的情节，据雷泳才、蒙学海同供："二月二十六日，孙实因李苟三箱烂，前赴李苟三家控说小的们俱要回家务农，把箱退还，所欠钱文约俟秋后再来领箱归还。二十八日，高大义家叫小的们唱戏酬神。小的们听得高居仁有箱，就去到他家领箱，说唱了一本再议分钱，才把戏箱搬到高大义家。"（《分省辑刊》上册，第619页）可知当地惯例演戏要向有灯戏箱者领戏，得钱按股均分。当地有酬神风俗。所谓灯戏，又称"灯影子"，即皮影戏，因牛皮制作的皮影盛放箱中，故有灯戏箱。皮影艺人向拥有灯戏箱者领箱合作，从事演出活动。

郿州直隶州宜君县客民陈春贵致伤罗英会身死案，是戏班异地演出的事例。据陈春贵供：

年三十一岁，浦城县人。父母俱故，弟兄两人，小的没有妻子。管领戏班生理，与罗英会认识无嫌。嘉庆十九年十月十一日，来案下演戏。天晚戏散，小的就在罗英会家住宿。他雇工魏幅成儿说他每年做工赚钱甚少，想要另寻事业。小的原向他说，你如肯跟随学戏，可以多赚钱。魏幅成儿应允。十二日早，魏幅成儿就向罗英会辞工。罗英会问知情由，骂小的不该引诱他工人，小的回骂。罗英会就拿木棍在小的背后连打两下，小的负痛情急，顺拾地上石块回掷。适伤罗英会右额角倒地，到十三日晚因伤死了。实是被殴拾石回掷，并非有心致伤。（《辑刊》第 2 册，第986 页）

刑科题本所说的"浦城"，当是指陕西同州府蒲城县，因为如果是福建省的浦城县，口供中会提到事主是外省人。戏班与其他民人也会发生矛盾，这是戏班在外地演出时招收他人雇工与雇主产生纠纷。

再看南方的事例。广西泗州府凌云县戏班管账欧顺观戳伤戏子喻翠观身死案。嘉庆十五年六月十二日夜初更时分，刘荣秀戏班内喻翠观与欧顺观因争分戏钱起衅。喻翠观用刀砍伤欧顺观左手指，欧顺观夺刀回戳致伤喻翠观肚腹等处，逾时身死。具体情节，据戏班班主刘荣秀供词：

> 小的是唱戏管班。已死喻翠观，四川重庆府人，新来小的班内唱戏。欧顺观帮小的管理账目。嘉庆十五年六月十二日上午，小的同欧顺观把戏钱分给众人，每股分钱六百文。因喻翠观入班未久，只分给钱

四百文。喻翠观骂小的分钱不公。欧顺观在旁劝解，喻翠观并骂欧顺观伴同欺侮，与欧顺观争闹。经同班陈锦观劝散。（《辑刊》第 3 册，第 1772 页）

后来喻翠观又与欧顺观在河边争吵，被欧顺观戳伤身死。再看欧顺观供词：

年三十三岁，土田州人。父亲欧胜，于乾隆四十七年五月内病故。母亲徐氏，现年六十三岁。小的并无兄弟、妻子。向在刘荣秀班内唱戏，并帮他管账。（《辑刊》第 3 册，第 1772 页）

这个戏班至少有四人，有管班、管账、艺人，因分配戏钱产生纠纷。该戏班"按股分钱"。戏班管班之外的三人，姓名最后一个字都是"观"字，应是戏班统一起名。这个戏班也是跨地域组织，事情发生在泗州府凌云县，戏班艺人已知的有四川重庆府的，还有广西百色厅土田州的，这是跨省的组合。

福建福州府。闽县陈六六因拉劝口角致死雇主案。赵得恭与黄元捷同掌双莲戏班，雇陈六六、林强强在班内佣工。林强强向赵得恭支取工资未给，两相斗殴。据陈六六供：

年二十五岁，原籍仙游县人。父亲陈金出是乾隆四十八年间身故，母亲顾氏在家，现年五十八岁。小的并无兄弟、妻子。已死赵得恭雇小的到双莲班内佣工，每月工钱六百文，寄回养母亲。小的与他平等称呼，并无主仆名分，素好无嫌。嘉庆九年四月八日有同在班内帮工的林强强向赵得恭支取三月分工钱，赵得恭乏钱未付，林强强必要支取，两相争闹、扭结。（《辑刊》第3册，第1378页）

戏班掌班与雇工之间因工资容易产生矛盾，这是雇工因支取工钱与戏班发生纠纷。

湖北郧阳府。房县戏子陈金身殴伤周有贵致死案。据陈金身供：

枣阳县人，迁居房县，年三十一岁。父亲陈琥，母亲已故，有两个兄弟，一个儿子。领班唱戏营生。与周有贵素识无嫌。罗世道是班内戏子。嘉庆七年九月十八日，小的戏班在北乡唱戏。中午时候，周有贵来向罗世道催讨布钱，罗世道求再迟缓。周有贵说他店主立等钱用，要罗世道自去回复，当拉同跑走。小的因正要唱戏，赶到路上拦住，叫他把罗世道放回，唱完再去说话。周有贵不依，向小的斥骂，并举拳打

来。小的闪避，用拳回打，不料伤着他左耳倒地，不一会死了。（《辑刊》第3册，第1690页）

陈金身是从襄阳府枣阳县迁居到郧阳府房县的，他领班唱戏，到北乡演出，因班内戏子罗世道被催讨所借布钱，担心唱戏赶路耽搁，提出唱完再说，讨债者周有贵不准，双方发生斗殴。这是戏班为了演出，与有碍演出之人产生纠纷。

广东惠州府。陆丰县民林亚才因索欠打死林潮奉案。林潮奉唱戏营生，雇林亚才船只载箱赴乡演唱，少欠船钱一千文未还。后林潮奉在浮州村演戏，撞遇林亚才向其索讨前欠争闹，斗殴身死。据林亚才供：

> 小的平日撑船度日，与林潮奉同姓不宗。嘉庆四年九月内，林潮奉雇小的船只装载戏装往各村唱戏，后因戏少转回，尚欠小的船钱一千文，约俟得有戏钱交给。十月二十七日早，小的探知林潮奉在浮州村演戏，前去取讨，走到土神庙前遇见林潮奉向索前欠，林潮奉斥小的不该当众索讨有失脸面，争闹起来，林潮奉就拿手内烟袋打伤小的囟门，小的用拳回打伤着他左肋倒地。时有张瑞秀同林潮奉侄子林范容经见救阻不及，不想林潮奉伤重过一会死了。（《辑刊》第2册，第504页）

南方水乡的戏班下乡演戏，走水路需要雇船，戏班与船主有时因费用发生纠纷。当地戏班到各村唱戏，这次下乡演戏因戏少收入不多，因此欠下船钱一千文，船主索欠与戏班发生冲突。

上述事例中出现了5位戏班艺人的供词，综合这些事例列表观察，我们可以勾画出戏班艺人的概貌：

由下页表可知，除去第4例陈六六属于戏班佣工，其余5人为艺人，其中2人还是领班；有2人领戏，1人有灯戏箱。五位戏班艺人四位是三十多岁，一位是四十多岁，都是青壮年。五位艺人父母除1位不知外，或俱故或只剩单亲，他们或为独子，或是兄弟二人。五人中三人未婚，独身一人，唱戏为生。三四十岁未婚说明他们生活境遇不是太好，应当同其社会地位、经济状况有关。戏班的经济情况资料涉及较少，只知陈六六到双莲班内佣工每月工钱六百文，刘荣秀戏班分配戏钱，每股分钱六百文，因喻翠观入班未久分给钱四百文。从郿州直隶州宜君县客民陈春贵致伤罗英会身死案中，管领戏班陈春贵对所宿罗英会家雇工魏幅成儿说"你如肯跟随学戏，可以多赚钱"来看，唱戏可能比一般雇工收入较高。不过，资料中戏班演员被称为"戏子"，社会地位较低。总的来看，唱戏艺人还是不被社会重视的。

戏班艺人状况表

序号	姓名	年龄	籍贯	双亲	兄弟	婚姻	得子	身份
1	李进才	43	河南叶县	俱故	无	未	无	唱戏
2	陈春贵	31	陕西蒲城	俱故	二人	未	无	管领戏班
3	欧顺观	33	广西土田州	父故母在	无	无	无	唱戏管账
4	陈六六	25	福建仙游	父故母在	无	无	无	佣工
5	陈金身	31	湖北枣阳	父在母故	两个		1个	领班唱戏
6	赵奇	35	山西应州	不知	有兄	不知	不知	唱戏度日
7	张成英	39	山西代州	不知	不知	不知	不知	领戏度日
8	高庭照	29	山西代州	父母俱在	无	已婚	1子	伙领戏班营生
9	李苟三	37	陕西鄜州	父母俱故	不知	有妻	1女	拥有灯戏箱

民间演戏酬神祀祖的筹措与民众看戏活动

以上论述了演出者戏班与艺人的活动，下面再从民间筹措演出与民众看戏的视角探讨演戏活动及其产生的纠纷。

节庆祭祖是民间组织演戏的重要时候，摊派戏钱有时会引起纠纷。湖南桂阳直隶州嘉禾县民邓闰珑祭祖起衅谋杀胞弟案，据邓闰珑供：

> 年四十三岁，嘉禾县人，父母俱故，弟兄三人，大哥邓理珑，小的第二，三弟邓珊珑，都已分居，小的娶妻周氏，生有三子，年都幼小，三弟并无妻室，他素性强横，借住大哥牛栏楼上。嘉庆八年十一月二十四日村众演戏酬神，小的因是首事要三弟出钱不允相闹，三弟拿扁担打伤小的左肋，小的将担夺过打了三弟额颅一下，是大哥劝散，没有具报。九年二月十五日夜清明节族中演戏祀祖，并另期祭扫祖坟，轮应小的承办，三弟应出费钱一百文，屡讨不给。十九日，小的邀了大哥并族人们前往祖坟祭扫，因三弟不出钱文，没有邀他同去，傍晚小的回家，三弟拿刀赶来说小的革除他的祭礼，使他没脸，要与小的拼命，

> 小的躲在里面不敢出去，当是大哥与他同院住的族人邓漫逢赶来向劝，三弟去时喊说将来总要把小的杀害。小的听闻气忿不过，起意夜间往把三弟杀死泄恨。（《辑刊》第1册，第64页）

邓氏族中的清明节演戏祭祀祖先以及祭扫祖坟都需要族人出钱，邓珊珑不出钱文，其兄作为演戏活动的组织者首事，不许他参加祭扫活动，兄弟之间发生纠纷。文中还提到村众演戏酬神也需要摊钱，演戏敬神方面以下还有更典型的案例。

奉天义州民刘梦先因酬神演戏集钱事殴伤无服族伯刘万身死案，据刘梦先供：

> 小的是案下民，年三十六岁，在五道屯居住，种地度日。父亲已死，家有母亲曹氏，年五十八岁。女人宋氏。分居胞弟刘梦有、弟妇苑氏，别无亲人。已死刘万是小的族中伯父，没有服制，素日和睦，并没仇隙。小的屯中公议，每年秋收以后在庙上演唱影戏酬神，轮流承办。所有戏价费用合屯公摊，因各家贫富不等，摊的钱文多少不拘，也有无钱折给米粮的，一总折算开发戏班。嘉庆十六年轮着小的合裴兴、王荣值年。十月初二日小的合裴兴们定了一班影戏在庙

前唱了三日，初五日算账，连戏价、伙食共费用市钱三十六千。因要开发戏价，晌午时小的叫胞弟刘梦有约会裴兴、王荣到屯中各家齐凑戏钱。一同走到刘万家里，刘万没有在家，他儿子刘文仲给了一升谷子，小的们出来。裴兴、王荣、刘梦有到东首刘文金家齐钱，小的到西首刘畛家齐钱，刘畛也没在家，他女人李氏给了十个大钱，小的嫌少不要。走到门口原骂了几句，刘畛从外回来，向小的查问，小的说你女人只出十个大钱，别人家就不用出了。刘畛说就是钱给少了，你也不该混骂，就合小的争吵起来。(《辑刊》第1册，第217—218页）

这里的惯例是每年秋收以后演唱影戏酬谢庙神，各家轮流承办。戏价费用合屯公摊，根据各家贫富摊钱，也有无钱折给米粮的，一总折算后交给戏班。嘉庆十六年唱戏三日也当是惯例，该年演出的总费用是三十六千。所唱"影戏"，当是皮影戏。凑集戏钱过程中，组织演戏的值年与出钱较少的村民发生了纠纷。

江西也有秋报酬神演戏惯例。江西新城县民人程楚波致伤小功服兄程荣斌身死案，嘉庆十六年八月间，程氏族内秋报演戏酬神，轮派程楚波管事。(《分省辑刊》下册，

第 817 页）

江苏武进县在土谷神庙演戏敬神是照丁捐钱。祁惠明因公钱纠纷殴伤韩须增身死案，据祁惠明供："村中有土谷神庙一所，每年三月十八日，近村农民照丁捐钱，演戏敬神，轮流经管。今年轮该韩须增经管，演戏完竣。四月初六日，韩须增邀同小的并韩姓族人到庙算账。小的说韩须增开发戏钱三十千，内扣存衣串钱六百文，叫他归出充公，韩须增不允。小的凭韩仲祥们讲理，韩须增总坚执不依，小的斥责他不应侵用公捐钱文，两相争吵。"（《分省辑刊》上册，第 163 页）对于共捐钱文的使用，经管者与村民产生纠纷。

社庙酬神一般摊捐戏价。山东青州府安邱县民吴菊因不愿多出演戏酬神钱文殴伤梁幅义身死案，据吴菊供："嘉庆十二年二月初十日外，本庄社庙要演戏酬神，原该合庄摊钱。二月初九日，梁幅义要小的捐出二百五十大钱，小的只出一百。梁幅义嫌少，村斥。小的不服，争吵。"（《分省辑刊》上册，第 425 页）看来该村庄摊捐是根据经济实力，被摊者未必认可所摊钱数。

山西潞安府壶关县民李作楹等因索讨酬神公摊钱文共殴李作楫身死案，据李作栋供：

小的年五十七岁，李作楫是小的小功堂弟。小的村中社庙酬神，向来公议社首按村人地亩收钱，每亩应出钱二文，嘉庆六年是小的充当社首。六月里社庙酬神，李作楫有地三十亩，应出钱六十文。那月初五日，小的在庙经理收钱，族弟李作�也在旁帮收。上午时李作楫止送钱三十文，小的叫他照议补足，李作楫混狡不允。小的同他争论，李作楫就不依，揪住小的胸衣要打。（《分省辑刊》上册，第318页）

该村社庙酬神按照地亩公摊钱文，很可能是用于演戏。但是由于有人借帮忙公事企图少交，与社首发生纠纷。

有的地方酬神采取建醮等方式，也要敛钱进行。江西广昌县民刘侣波因索讨酬神钱文致伤无服族兄刘兴元身死案。乾隆六十年正月十七日，刘侣波为首敛钱建醮酬神，其弟刘兴元少钱十五文未交。傍晚，刘侣波路遇向索争骂，其弟用担向打，被刘侣波接住，推跌倒地，致石垫伤脐肚，擦伤右膝身死。据刘侣波供："村内有北庙一所。每年正月，敛钱赴庙，建醮酬神，轮流为首。"（《分省辑刊》下册，第745页）贵州贵筑县"地方土俗，凡遇收割完毕，每户各出银数分买备香烛等物，在土地庙酬神，这是年年如此"。（《分省辑刊》下册，第1451页）酬神活动中要宰鸡、饮酒。

乡村社会秩序的维护也采取罚戏酬神维持。安徽徽州府祁门县"嘉庆十一年六月里，官府因天旱求雨，禁止屠宰，各村民也在神庙设坛祈祷，共相禁约，并鱼虾都不许捕捉。如有不遵，罚戏酬神"。（《分省辑刊》上册，第239页）演戏敬神是村民生活的重要组成部分。

乡村演戏经费有时来自惩罚村民出资所得。陕西西安府长安县民高仁吉因调解他人事将乡邻张江致死案，据高仁吉供：

> 年五十岁，长安县西许村人。小的是高第地邻，父故母嫁。兄弟高仁祥久已分居。小的女人张氏，儿子四净儿。嘉庆十年闰六月二十九日傍晚，小的在外回家经过高第地边，见高第把李家庄人张江捉住，说是偷摘他地内谷穗，要去报官。张江害怕，情愿出钱十千文演戏敬神，求免报官。高第不依，小的见他哀求不过，在旁劝说，高第依允。第二日张江交出钱十千文，在村内演戏，没有具报。七月初九日高第有另地一段与高春地亩毗连，都种白豆。高春工人高经儿不知地界，误把他地里豆草割去一绺，被高第捉住说偷他豆草，要去报官。高春听闻，央同小的去向高

第说高经儿是他新雇工人，没有告知界畔，以致误割，情愿认错，照张江出钱五千文演戏敬神，求免报官拖累。高第应允，高春当即交钱，还没唱戏。十二日后晌，小的在地里工作，见张江走来说高第往哪里去了，小的问寻他做什么。张江说因何高经儿偷他地里豆草不报官，私罚钱文，要寻他出首。小的说高经儿是高春新雇工人，不知地界误割，高第原也要禀官，因高春再三央恳，情愿出钱唱戏求免报官拖累，并不是勒罚。原村斥他无赖，张江就向小的叫骂，小的回骂。（《辑刊》第2册，第589页）

看来长安县民间流行演戏敬神以免除做错事遭受报官惩罚的做法。

酬神演戏要村民招待戏班吃饭。河南陕州民姚进宝挟嫌帮殴致死无服族叔姚喜先案，据尸妻姚李氏供：嘉庆十二年四月十一日，村内演戏酬神，男人派姚学汤管戏班的饭食。姚学汤不肯承管。男人原说姚学汤若出来看戏，定要把腿打折。（《辑刊》第1册，第127页）结果双方发生争打，导致命案。

民间患病往往向神祈求保佑，一旦病愈，还有演戏还愿。陕西汉中府西乡县客民陈奉因索讨戏钱殴伤王长青身死案，据陈奉供：

> 年四十六岁，四川巴县人。父亲已故，母亲余氏年七十三岁，弟兄四人，小的居长，女人许氏，没生儿子。寄居案下曹家河开酒铺生理，合王长青素识没嫌。王长青唱独脚傀儡戏营生。嘉庆二十年二月二十六日，小的因母亲病愈，雇王长青唱戏酬神，讲定钱五百文。原陆续给过四百六十文，下欠钱四十文没还。六月二十七日傍晚，小的在铺门外闲坐，王长青走来索讨前欠，小的推缓，王长青嚷说小的没钱不该唱戏，生气叫骂，小的回骂。王长青就用铁烟袋打小的左肩一下，小的夺过烟袋。他拧身弯腰拾取小板凳，小的顺用烟袋打他左臀三下，王长青没得拾起板凳，转身用脚踢伤小的左腿，小的也用右脚回踢一下，不料适伤他小腹倒地。经罗银光同堂弟陈光发先后走来问明情由，扶救没效，不一会，王长青因伤死了。（《辑刊》第 2 册，第 991 页）

陈奉"因母亲病愈，雇王长青唱戏酬神"，因欠钱与艺人产生纠纷。所唱的"独脚傀儡戏"当是指木偶戏。

演戏会聚众，观众有饮食需要，也是做生意的机会。直隶广平府成安县民王孔秀因口角扎死同村人王孔林案，据王孔秀供：

> 小的是案下大吕彪村人，今年三十五岁，一向卖饭生理。父亲王尔孝今年六十七岁，本姓史，从幼给王姓做儿子，改姓王的。母亲已故，兄弟王孔义。小的合已死王孔林同村居住，平日和好，并没仇隙。嘉庆七年三月里，王孔林把小的父亲在公伙地里种的柳树砍了两株，小的看见合他理论，王孔林说小的父亲是外姓人，已经承受了王家庄居，还要争论公伙地里柳树，合小的争闹。是父亲把小的喝阻的。五月十九日邻村柏寺营村唱戏，小的在戏台下卖饭。将晚时候，小的因饭卖完，收拾家伙，把杀鸡用的小刀掖在腰边，走回家来。见王孔林在小的门首混骂，小的问他骂谁，他说骂小的，小的也回骂了一句，王孔林就上去把小的发辫揪住，两手撕按，口里混骂说要合小的拼命。

（《分省辑刊》上册，第37页）

这是利用演戏而卖饭。

浙江绍兴府萧山县民人王思位殴伤孙陈氏致氏所抱侄女小姑身死案，该案的起因，则是社庙唱戏摆摊争闹。孙发贵年二十五岁，嘉庆七年二月初三日村中社庙唱戏，孙陈氏的儿子孙发贵在庙门首摆摊卖饼，王思位也来摆卖水果，因买水果的人多把孙发贵的摊子挤翻，踏坏烧饼。（《分省辑刊》上册，第691页）于是产生纠纷，发展成后来的恶性案件。

演出是公众活动，聚集多人，熟人交集，纠纷随时发生。陕西宜君县客民吴庭法等因被踩口角殴扎李振兴身死案。嘉庆十一年七月二十九日，据监生蔡青云报案称："本月二十七日，监生庄上演戏酬神。午后，有客民张加安因台下拥挤，误踏万一彦脚面争殴，有张加安邻人李振兴上前帮护，被吴庭法用刀扎伤李振兴左耳根、右腿等处身死。"（《分省辑刊》上册，第590页）从官方审案的各方供词来看，看戏时引发的这场斗殴，实际上是多种社会关系冲突的爆发。据尸叔李士林供：安徽安庆府桐城县人，寄居宜君县硷磴河南沟种地。已死李振兴是其族侄。嘉庆十一年七月二十五日，他往鄜州探亲。李振兴原籍桐城，止有胞叔李真德寄居雒南县两岔河务农。可知李振兴是安徽桐城人来陕西种地，他因亲戚来陕西谋生。他帮助邻居张加安等打架卷入斗殴。张加安、张兰九、张老么是同胞弟兄，他们同邻人李振兴来枣林庄看戏，因人多拥挤，张加安误踏了万一彦脚面，万一彦同他雇主唐孝斥说张加安不是，张氏弟兄不服，与万一彦们争吵扭结。意外的是半路杀出一个吴庭法，他二十一岁，陕西同州府澄城县人。

父母俱故，并没兄弟妻子，来宜君县碥磴河佣工度日。嘉庆十年秋间，他与李振兴做过短工，李欠他工钱一百文，讨过几次，李振兴不肯还钱，反把他辱骂。他因李力大凶横，没敢与之较量。十一年七月二十七日午后，他来枣林庄看戏，见李振兴被万一彦等揪住殴打。他想起李欠钱不还，反被辱骂，就乘机拔身带小刀，上前扎李振兴右腿里面一下出气。不料李振兴转身叫骂，扑揪他的胸衣，低头向撞，他挣不脱身，顺用右手拿的小刀吓扎，适伤李左耳根。李不松放，伸手夺刀，他怕被夺去，用左手接过刀子，扎李右腿外面一下，李振兴松手倒地，不一会就死了。吴庭法实因李振兴欠钱不还，反被辱骂，见李振兴被人揪殴，乘机扎他出气，结果吓扎适伤致死。看戏发生了这场案中之案，也算是离奇事件。

看戏斗殴之事还有。湖北德安府随州民徐大信因索欠戳伤大功服兄致死案，据徐大信供：

> 随州人，年三十九岁，父亲已故，母亲聂氏现年七十一岁，女人已故，生有一子，幼小已死。徐大礼是小的共祖大功服兄。小的父亲徐鸣奎弟兄五人。父亲与三伯徐鸣高、五叔徐鸣盛有公共祖遗木栈一所，代客买卖木料，抽分租息。后三伯、五叔身故，父亲

年老，议定栈归五叔的儿子徐大礼同三伯的嗣孙徐楚富经管，每年按股提钱给父亲收用，立有议单。后来父亲身故，应得栈内股份钱文自嘉庆十五年起，徐大礼总没付给。小的屡向催讨，徐大礼说，栈内生意平常。只可从缓再算。到十八年二月内，小的邀同堂兄徐大利与徐大礼结算，共应还小的钱文六十千文。徐大礼许定五六月内一并清给，小的应允，随往襄阳一带贸易去了。六月初一，小的挑着货担回家，走到州属宝善寺地方，因寺前正在唱戏，歇担观看。适徐大礼也在那里，小的向问钱文可曾备齐，等回家去取。徐大礼回说，钱未措得。小的说他拖延，徐大礼生气，斥责小的不该在戏场对众索讨。小的不服分辩，徐大礼嚷骂，小的回骂。（《辑刊》第 1 册，第 245—246 页）

这里的寺前唱戏，应当也是敬神演出。货郎徐大信顺便看戏，遇债主索债，双方发生争执，导致命案。

结　语

嘉庆时期的民间戏曲演出活动遍布大江南北的直隶、

奉天、山西、河南、陕西、山东、湖北、江西、安徽、江苏、浙江、福建、广东、广西等省，其中山西、陕西的事例较多，是演戏活动的繁盛之区。演戏活动既在城镇进行，也广泛深入乡村。从平原到水乡，都活跃着戏班。戏曲演出活动在民间社会有着深厚的文化土壤，岁时节日需要演戏娱乐，敬神还愿的演戏既是娱神也是娱人。民间演戏的组织形式一般是村社成员轮值，经费来自公摊，也有惩罚村民出钱演戏的，演戏活动有着村社认同的意义。民间社会也有因演戏产生的纠纷，往往是因为摊钱不均、出钱不力或交费延时等产生于组织者与村民之间。民众看到的演戏较为丰富，除了一般的地方戏外，还有皮影戏、独脚傀儡戏等。

演戏活动的繁盛也要拜戏班与戏曲艺人所赐，嘉庆时期戏班活跃于各地。从河南祥符县和广西凌云县的事例来看，戏班艺人的社会流动性较大，戏班有跨府跨省组成的。一般的戏班由三四位艺人组成，有管班、管账等分工。山西、陕西的戏班多采取股份制的分配形式。戏曲艺人社会经济地位较低，三四十岁尚未婚娶，而且不少人是独子，独身在外拼搏，生活艰辛，实属不易。戏班内部有时会产生矛盾，发生纠纷，如演员透支工钱与领班的纠纷、戏班掌班与雇工之间因雇工支取工钱发生纠纷、戏班成员之间因借贷产生冲突。戏班与其他民人也会发生矛盾，如戏班外出前借贷未还被阻出行的纠纷、戏班在外地演出时招收他人雇工与雇主产生纠纷、戏班与有碍演出之人产生纠纷、戏班走水路雇船与船主因费用发生纠纷。

东西南北：人口流动与打工

通过以上对于八种行业的考察，我们得知其生计模式与打工者的生活，我们继续考察不同地区的谋生者，从新的视野认识清代的打工者。我们以清代西部的甘肃、东部的浙江杭嘉湖为例，考察大西北与小江南反差较大的两个地区的人口流动与打工。

甘青宁外省移民及移民外省

清中叶乾隆、嘉庆时期的甘肃省，包括了今天甘肃、宁夏、青海三省区以及新疆地区，乾嘉两朝的刑科题本反映了甘宁青三省区社会经济与生活的丰富内容，其中不乏西部风情与移居活动，具有区域社会史的独特性。

1. 外省人移入甘肃

清代甘青宁地区相对地旷人稀，内地来此谋生者较多。我们从嘉庆朝刑科题本收集到甘肃外省人的 10 个事例，他们来自三个邻近的省份，即接壤的陕西、四川，隔着陕西的山西。先看山西的 2 个事例。平阳府曲沃县人贾进玉四十一岁，父母俱故。女人李氏，生有一子。向在西宁府西宁县田家庄地方寄居，卖布营生。绛州人文兆基三十四岁，父母俱故，弟兄三人，妻刘氏，生有一子。一向在凉州府平番县红城堡开杂货铺生理。这两个事例中的山西人三四十岁，父母俱故，分别寄居西宁府西宁县田家庄、凉州府平番县红城堡，均娶妻并生有一子，分别从事卖布、开杂货铺这样的商业活动。此外，甘肃肃州伊兴因工钱纠纷殴伤雇主李真身死一案也出现了两个山西人，汾州府汾阳县人蔡成其六十一岁，于嘉庆十三年从归化城前来三音诺彦部落额尔德尼班第达呼图克图旗下贸易。有山西太原府徐沟县的民人李真亦在该旗地方居住，来甘肃省肃州天仓坝地方驮买米面与蒙古交易。李真雇天仓坝人伊兴、裴应玉拉驼佣工，到蒙古三音诺彦部落地方插账居住贸易。（《辑刊》第 3 册，第 1763 页）该事例的山西人以贩卖米面、拉驼佣工等谋生。来到甘肃的山西人出自晋西南地区（平阳府、绛州），邻近陕西；迁入地为西宁府、凉州府。

再看陕西的 5 个事例。乾州直隶州武功县人杨得三十四岁，父亲早故，家有母亲陈氏七十七岁，弟兄二人，他行二，女人靳氏，没生子女。他是乾隆五十七年来到西宁府西宁县平戎堡开醋铺生理。西安府临潼县人吴秉禄五十一岁，父母、女人俱故，儿子吴茂现在原籍。嘉庆十三年九月里，他来到西宁府西宁县甘家庄，租住马洪世空房一间，货郎生理。同州府大荔县人史廷芝二十六岁，家有父亲史举年五十八岁，母亲兰氏五十六岁，并没兄弟妻子，平日铁匠生理。乾隆六十年十二月内来到安西直隶州敦煌县，在史禄林铁铺帮同打造铁器，说定每月工价大钱两千文。同州府蒲城县人陈玉兰四十二岁，家有父亲陈宗智、年七十二岁的母亲张氏。并没兄弟，也没娶妻生子，只有童养妻苏氏还未成婚。他的父亲前在平凉府隆德县杨家河地方开杂货铺生理，歇业回籍，遣他来收讨零星旧欠。西安府渭南县回民雨潮奉六十三岁，父亲早故，母亲秦氏九十三岁。雨潮奉娶妻兰氏，有两个儿子，长子雨金秀三十三岁，次子雨银保二十二岁。雨潮奉向在安西直隶州玉门县佣工度日。

此外还有两例间接反映了陕西人到甘肃。一是甘肃徽县吴鹿羔子殴伤陕西韩城县民薛寅身死案，据尸兄薛海供：年四十九岁，寄居徽县漫水铺。已死薛寅是其胞弟，他卖布生理。(《辑刊》第 2 册，第 932 页）二是陕西凤翔县民苏文炳因索讨当地契约殴伤同村人王贵身死案，据苏文炳供：年二十三岁，父母俱故，没有弟兄，女人杜氏，没生子女。与已死王贵同村居住。嘉庆十九年八月里，他把地田亩当给王贵耕种，得钱三十二千文，立有当约。二十一年十二月里，他"备价把地赎回，索讨原约。王贵说等迟日检出交还，后来王贵就往甘肃去了"。(《辑刊》第 2 册，第 760 页）

上述清代陕西移入甘肃的当事人 5 例与非当事人 2 例，移出地分别是乾州直隶州、西安府（临潼县、渭南县）、同州府（大荔县、蒲城县、韩城县）、凤翔府凤翔县，移入地为西宁府（西宁县 2 例）、安西直隶州（敦煌县、玉门县）、平凉府隆德县、秦州直隶州徽县。移居者的年龄，二十、三十、四十、五十、六十各年龄段都有，十分均衡。最年轻的移出者未婚，陈玉兰四十二岁，有童养妻苏氏还未成婚，想必二人年龄相差很大，其余三人已婚。移居者从事的工作，铁匠、佣工各一位，另外三位分别开醋铺、货郎、讨开杂货铺的欠账。

四川人到甘肃的 2 个事例。忠州直隶州垫江人陈文明三十八岁，祖父母、父母俱故，弟兄四人，大哥、二哥、三哥都在原籍。他行四，娶妻王氏已故，没生子女。嘉庆十五年，陈文明到阶州直隶州文县卖布换药生理。(《辑刊》第 2 册，第 954 页) 顺庆府岳池人许良才五十八岁，父亲许昌位九十岁，母亲周氏九十一岁，弟兄四人，都在原籍。他行三，女人张氏，生有一子。许良才向在阶州直隶州文县范家坝地方，同刘远盛伙典山林解板生理。这两例四川忠州、顺庆府人都来到阶州直隶州文县，二人家庭情况迥异。陈文明父母、妻子已故，除了原籍的三位哥哥再无亲人，独自来到阶州；许良才则家有九十多岁的父母，有妻有子，原籍还有弟兄四人。前者卖布换药，后者伙典山林解板，各有谋生手段。

其实四川人到甘肃的还有。垫江人陈文明的事例中，川民龙大朋在文县韩宁家佣工。文县客民许良才因债务纠纷殴毙邓添祥案里，四川保宁府阆中县人雍喜潮，向在文县碧口乡贩卖粮食生理，已死邓添祥是其妻兄。(《辑刊》第 2 册，第 1018 页) 此外，甘肃秦州直隶州徽县客民赵登富等共殴杨贵身死一案，四川保宁府巴州人赵登富三十一岁，父母俱故，并没弟兄妻子。嘉庆十五年九月里，到徽县田家河地方，与赵有清同往邱姓店房佣工度日。(《辑刊》第 2 册，第 887 页) 甘肃阶州白马关民张致中因索欠殴伤客民致死案，据尸妻杨王氏供："原籍四川，岳池县人，先年随夫搬在徽县居住，因前夫病故，服满后来改嫁于杨世得为妻。"(《辑刊》第 2 册，第 959 页）这三例的迁出地是四川保宁府阆中县与巴州、顺庆府岳池县，迁入地是甘肃阶州直隶州文县、秦州直隶州徽县、阶州白马关。

冯尔康先生发现一个陕西关中平原的人向甘肃西北部和新疆哈密流动的事例。嘉庆六年，原籍陕西泾州的王兴才、吴备贵、王进宝三个人，向来各在口外佣工，大家熟识，他们因找工不容易，结伴往西走，五月初四日上午在路上又遇到赵建金、南显荣、孙时忠三人，于是六人行走到甘肃哈密厅沙泉子乡，一更天才歇脚。[1]

乾隆朝刑科题本已经反映出陕西、山西人到甘肃较多。如甘肃肃州陈宏康等佃种卢廷吉田亩先交两年租事例。陈宏康是陕西乾州直隶州武功人、程自昇是山西蒲州人，他们于乾隆六年租种肃州卢廷吉之地。（《形态》上册，第260—261 页）宋文典扎伤无服族叔宋宁芳身死案。乾隆四十五年（1780 年）三月间，"宋文典族弟宋阳根由陕赴甘，随宋宁芳桿毡（擀毡）生理"。（《选编》，第 288 页）

以上山西、陕西、四川三省之外，还有其他省份的人到甘肃。如湖南，甘肃徽县客民胡文成因被索讨赊欠包谷钱文扎伤唐有伦身死案，唐有伦系湖南永定县人。（《分省

---

[1] 转引自冯尔康：《18 世纪末 19 世纪初中国的流动人口——以嘉庆朝刑科题本档案资料为范围》，《天津师范大学学报》2005 年第 2 期。

辑刊》上册，第651页）

湖北、河南到甘肃季节性工作的情形也存在。甘肃镇原县客民闫士吉殴伤牛金满跌崖身死案，据侯智元供：

> 年四十岁。来甘肃佣工路上，先后撞遇已死咸宁人牛金满，并昝习忠、李学、辛豆娃、刘文忠、聂有陇、周姓，共是一十八人一同替人收麦。嘉庆十八年六月二十八日，走到固原州属老虎曲头子地方，罗姓、刘姓妇人在路边一处卖凉粉，每人吃粉钱四文，惟聂有陇没吃。大家把钱开给。刘文忠、李学、聂有陇、率臣姓先走，小的合牛金满们在后还坐着缓歇。那两个妇人说少给粉钱四文，小的们说并不短少。那妇人就骂说小的们骗赖，牛金满把两个妇人脸上各打了一拳。罗姓妇人的男人罗香出来帮护，刘姓妇人的儿子刘洪玉拿木棍也来护救。（《辑刊》第2册，第966页）

争殴中，两家都有受伤的人，牛金满伤重，原想顺路抬到镇原县城里，请人医治，途中牛金满身死。替人收麦的18人中，周姓是河南祥符县人。

2. 甘肃人在外省

甘肃人到外省谋生的事例也有。到陕西的事例较多，如沔县客民许洪才因租佃事致伤土著谭仕林身死案。甘肃巩昌府西河（和）县人许洪才四十七岁，父母俱故，没有弟兄妻子。来汉中府沔县受雇李世运家佣工多年。（《辑刊》第2册，第939页）汉中府略阳县客民王邦富因砍树纠纷砍死房主莫肖氏案，据尸子莫万成供："甘肃阶州人，随父亲莫金用来案下种地度日。"（《辑刊》第2册，第1083页）汉中府西乡县客民袁士秀因口角戳死回民马兴才案，据受伤人即尸叔马成陇供："甘肃秦安县回民，已死马兴才是小的堂侄，来案下贩羊生理。"（《辑刊》第3册，第1515页）上述三个事例，甘肃人分别从巩昌府西河（和）县、阶州、秦州直隶州秦安县来到陕西的汉中府沔县、略阳县、西乡县谋生，从事的工作为佣工、种地、贩羊。

到山西。甘肃秦州直隶州清水县民杨噇吞子因卖地将妻子党氏杀死案，据杨噇吞子供：年三十二岁，本县盘咀堡人。父母俱故，胞叔杨和春早年分居另住。弟兄二人，胞弟杨辛酉子，今年十五岁，现在叔叔家过活。嘉庆十八年八月，他"到太原炭山上佣工"。（《辑刊》第1册，第256—257页）

到河南。汝州直隶州宝丰县民李重因拖欠工钱被雇工陈玉殴毙案，陈玉系甘肃河州人。

3. 佣工收入及其纠纷

长工的年工钱相差较大，多者五千五百文，如兰州府皋兰县民人达三回谋杀缌麻服叔达善会身死并砍伤婶母何氏案，据达三回供：

> 嘉庆四年四月里父亲同侄子到平番马鬃山居住，务农。小的合女人仍住本庄，佣工度日。已死达善会是小的缌麻服叔，是年十二月里，小的向达善会赊得干枣四斗，作钱二千文，还过钱一千文，下欠一千文。上年十二月里，达善会来索讨，小的无钱措还，他不依争吵。有本族达秉户劝说，著小的与达善会家佣工，陆续在工钱内扣除，达善会依允，每年讲定工钱五千五百文。今年正月初八日上工，每晚回家住宿。自到他家，只支用过工钱一千五百文，他待小的甚是刻薄。三月二十八日早上，小的又向达善会支要工钱，他给了小的三升谷子。小的还向他要钱，达善会不给，小的合他争吵。达善会扑来用手在小的脸上打了几下，又在小的肚子上踢了一脚。他女人何氏走来劝开。达善会立时赶逐小的回家措还枣价，不要小的在他家佣工了。小的只得忍着气回家。……小的因想达善会这样刻薄，不但不给工钱，反把小的殴踢，又立

时赶逐回家，要措还他夹价，不要我在他家做工，实在气忿不过，起意致死泄忿。（《分省辑刊》上册，第637页）

少者才二千八百文，如巩昌府陇西县雇工张瓒因被辞扎伤雇主张寅致死案，张瓒平素佣工度日，与张寅同姓不宗。嘉庆十五年正月里，张瓒受雇与张寅家佣工，言定每年工价大钱二千八百文，同坐同吃，并无主仆名分。十八年八月十六日，张寅因张瓒做工懒惰，把张瓒脸上打了两掌。九月十二日，张瓒因工钱使完，要向张寅借来年工钱，张寅不允，把张瓒辞退，叫张瓒另寻雇主。因没处寻觅雇主，张瓒气忿不过，起意致死。十六日早，张瓒走到张寅睡房，拿刀扎死张寅。（《辑刊》第3册，第1443页）

上述佣工的具体工作不知，另有牧羊者，每年工钱四千文。平凉府盐茶厅客民虎进有伤雇主罗文有、杨仲智身死案，虎进有平素佣工度日。嘉庆十八年二月十三日，杨仲智、罗文有、张起贵公雇虎进有与他们牧羊一百零九只，每年工钱四千文。平等相称，并没主仆名分。十九年六月以后，羊□遭瘟陆续倒毙三十二只。八月底，虎进有长使他们工钱九百文。九月初六日早，虎进有因近来山狼甚多，恐怕一人照应不来，被狼吃了羊只，先去杨仲智家商量要添人牧放。走到他家，见罗文有、张起贵们都在那里。杨仲智见虎进有就问怎么不去放羊，虎进有说如今山里狼多，一人照应不来，要添人牧放，免得被狼吃羊。罗文有就村斥虎进有说："羊已倒毙几十只，你不知羞耻，还要添人帮你牧放吗？"（《辑刊》第3册，第1451—1452页）虎进有分辩说羊是遭瘟倒毙，与他无干。后来发生纠纷。

也有短工的事例，不同工作每月工资相差甚远。如肃州高台县文生王正寅因债务纠纷将殷相宗殴伤身死案，殷相宗"向在王正寅肉铺帮伙卖肉生理，每月工钱五百文"（《辑刊》第3册，第1213页）。与这一肉铺帮伙工钱接近的是醋铺帮伙，如西宁县客民杨得因工钱纠纷致死同乡李光祖案，陕西武功县人杨得于乾隆五十七年来到西宁县平戎堡开醋铺生理，嘉庆十四年六月，李光祖到此觅工，杨得念系同乡，讲定每月工钱六百文，留在杨得醋铺帮伙。杨得说："李光祖初尚勤健，后渐懒惰，屡说不听。十月初九日，小的算明他长支工钱六百文，叫他还钱出铺。李光祖说寒冷天气，又长使工钱，要到下年春上停工。小的因生意冷淡，不肯留他。"（《辑刊》第2册，第862页）两例商铺帮伙的每月工钱在五六百文。有手艺且工作繁重的铁匠，工钱较高。如安西直隶州敦煌县铁器铺老板史禄林被雇工史廷芝打死案，陕西大荔县人史廷芝平日铁匠生理，每月工价大钱两千文。(《分省辑刊》上册，第632页)上述店铺佣工者与雇主的纠纷，往往由于雇工提前支借工钱不准。

浙江杭嘉湖职业、生计与生活

杭嘉湖虽同在江南，生态环境同中有异。嘉庆二十年浙江巡抚颜检说："浙江省除嘉兴一府所属均系平坦水乡，并无种山棚民外，其杭州等十府属皆有山场，其中棚民多寡不等。"(《历史档案》1993年第1期，第33页)可知嘉兴府均系平坦水乡，杭州、湖州等府皆有山场，即有丘陵地带。

1. 杭嘉湖谋生的外地人

杭嘉湖地区属于江南水乡，社会经济与民众生计有其特色。客居杭嘉湖的外地人中，有来自省内金华府浦江县者，也有来自外省江苏常州府无锡县、安徽安庆府潜山县与徽州府休宁县、福建兴化府兴化县的。

杭嘉湖三府内也有邻府间流动工作的情形。嘉兴府海盐县客民沈二老索透支工钱划伤赵五老身死案中，据沈二老供："海宁州人，年三十三岁。父母已故，别没亲属。向开烧饼店生理，与赵五老认识，并没仇隙。嘉庆十四年正月里，小的雇赵五老到店帮工，每月工钱三百文。六月里，因折本歇业。赵五老辞回，有透支工钱一千二百文没还。"（《辑刊》第3册，第1413页）杭州府海宁州人沈二老在嘉兴府海盐县开烧饼店，这家烧饼店帮工每月工钱三百文，合每天十文。该店经营不善，折本歇业。

本省客居杭嘉湖的事例。浦江县小贩许公赞打死富阳县盐捕张朝处罚轻重一案，张朝同王恩奉差缉私盐，嘉庆元年二月十六日巡至山茅坞口，见浦江县人许公赞、许公九各挑蒲包前行，疑系私盐，因向查验，被许公赞等殴伤，不料张朝伤痕溃烂，医治不痊身死。据许公赞供：

> 小的是浦江县人，年四十五岁，父母俱故，并无兄弟、妻子，许公九是小的堂弟，小的挑卖小菜度日，与富阳县盐捕张朝素没嫌隙，小的腌有萝卜干四蒲包挑往富阳县发卖，因恐霉变加盐拌腌。嘉庆元年二月十六日，小的同堂弟许公九各挑蒲包两个，那日申刻走到山茅坞口，蒲包内漏出盐屑，盐捕张朝、王恩看见，疑是私盐，赶来喝住，小的们将担放在路上，张朝、王恩解开蒲包查看并非私盐。小的原说他们多事，随口骂了几句，张朝们回骂。（《分省辑刊》上册，第660页）

这是浦江县小贩制作萝卜干到富阳县挑卖的事例。小贩许公赞四十五岁，并无妻子，依靠挑卖小菜度日。

外省人中，安徽、江苏、福建三省客居者。我们先看福建人，日常生活餐饮业是谋生之路。如茶店，杭州府钱塘县客民杨升因索钱伤王大贵、赵毛身死一案，据陈耀祖供："小的开张茶店生理。已死赵毛是仁和县人，并没亲属，同汪德都在小的店内帮伙。嘉庆十九年五月十六日，汪德患病，雇杨升来店替工。六月十六日，小的外出，汪德病好回店。杨升怎样向汪德索钱起衅争闹，因小的儿子陈泳受同赵毛、王大贵拦劝，被他戳伤……王大贵原籍慈溪，在杭城居住，查他并没亲属。"（《辑刊》第2册，第984页）清代仁和县、钱塘县都是杭州府的附郭县，看来这家茶店开在杭州城，店主陈耀祖，赵毛、汪德、杨升、王大贵等是帮伙，帮伙有当地人也有外地人。该案中，据杨升供：

> 福建兴化县人，年四十五岁。父亲已故，母亲王氏，七十五岁，哥子杨查，都在原籍。小的向在杭州帮工度日，同汪德熟识相好，与王大贵并不认识，都没嫌隙。嘉庆十九年五月十六日，汪德患病，邀小的到陈耀祖茶店代工，言明每日工钱七十文。六月十六

日，汪德病好回店，共给小的银工钱二千一百文。小的因店中带卖水烟利钱向归店伙分用，要汪德分给，汪德不允。小的与他争闹，走散。（《辑刊》第2册，第984页）

可知这位来自福建兴化的人在杭州城帮工度日，虽然四十五岁了，很可能仍是单身一人，他代替生病的朋友汪德在茶店代工，每日工钱七十文，代工历时一个月，收入工钱二千一百文。因店中带卖水烟利钱向归店伙分用，杨升要汪德分给，汪德不允，产生矛盾。

再看江苏人。湖州府乌程县客民陶七幅因债务争斗致使胡在兴落河身死一案，据胡在升供：

江苏无锡县人，兄弟胡在兴向在乌程县西门开张钉店。与陶七幅、陶应陇、陶开泰弟兄同乡相好。陶开泰们也在乌程开张钉店。嘉庆十六年五月二十四日，陶开泰从无锡回店。兄弟胡在兴向问有无家信，因兄弟曾借陶应陇钱三千文，本已清还，利尚未清。陶应陇向兄弟索讨利钱，争闹，陶七幅帮讨争打，兄弟被陶七幅殴跌落河。小的闻信赶来查看，兄弟已经淹死。（《辑刊》第2册，第912页）

来自常州府无锡县的胡氏两兄弟、陶氏三兄弟分别在乌程县城开设钉店。另据陶七幅供："江苏无锡县人，年三十六岁。父亲已故，母亲吴氏，现年七十四岁。小的并没娶妻。陶应陇、陶开泰是小的胞兄，小的同哥子们都在乌程各开钉店。与胡在兴同乡，素识无嫌。"（《辑刊》第 2 册，第 912 页）陶七幅三十六岁并没娶妻，仍在外打拼。清代乌程县是湖州府的附郭县，故事情发生在湖州城。

还有安徽人，乌程县著名商业市镇乌镇就有安徽打工者。乌镇差役屠万琼私押诈逼张亭桂自缢身死并书办徐玉成吓令私和案中，据吴冠英供："安徽休宁县人，年四十岁，在乌镇油行内帮伙，与徐玉成交好。吴绍南是小的族侄孙，在镇开张米店生理。"（《分省辑刊》上册，第 671—672 页）安徽徽州府休宁县人吴冠英与族侄孙吴绍南在乌镇工作，吴冠英在油行内帮伙，吴绍南开张米店。

此外，杭州府于潜县客民储大川因索要工钱故杀谢明如案中，据储大川供："安徽潜山县人，年三十八岁。父母俱存，妻子已故，向在于潜县帮工度日。嘉庆八年三月间，谢明如雇小的到家帮工，言定每年工钱六千文。"（《辑刊》第 3 册，第 1376 页）这是安徽潜山县人在于潜县帮工的事例。

其实，当时山区有不少外省棚民。"浙省与安徽、江西、福建等省壤地毗连，其山势深峻处所，向有外来游民租山搭棚，翻种苞芦。"（《历史档案》1993年第1期，第32页）"湖州府属长兴县地方，有不安本分之棚民，恃强聚党及伙斗劫夺等事，在于朱砂岭、四安、水口地面。"（《历史档案》1993年第1期，第31页）湖州的这些棚民应当也是外省人。

2.佣工及其纠纷

当时帮工比较普遍，佣工多是贫穷者的谋生办法。如前述湖州府长兴县李九思重利揩诈债户王其三田产一案，王其三说自己："小的因家穷，在外帮工，正值忙的时节，就出外做工去了。"（《斗争》上册，第167页）又如嘉庆十三年嘉兴府石门县民人蒋文陇殴伤陈大身死案，据蒋文陇供："小的帮工度日。……沈双桂是乌程县人，常在石门做工。……嘉庆十三年正月里边，沈双桂到石门寻工，因没有住处寄住小的家内。他每日出外帮工，晚间归住歇。"（《分省辑刊》上册，第723页）可知石门县民人蒋文陇帮工度日，他认识的乌程县人沈双桂，也常在石门做工。

佣工产生纠纷也是常见的。如积欠工钱，嘉兴府海盐县民俞虎老因索工钱打伤陆沆良身死案，据俞虎老供："年三十八岁，海盐县人。父母俱故，并没妻子。小的佣工度日，与陆沆良同村，素好无嫌。嘉庆二十四年闰四月间，陆沆良央小的帮做短工，同坐共食，没有主仆名分。陆续积欠小的工钱九百二十文。六月十七日黄昏时候，小的往向催讨，陆沆良说要再缓几日，小的不依，两相争骂。"（《辑刊》第3册，第1482页）导致斗殴。

再如工钱数额，湖州长兴县民施锦华格跌高奕贤落河身死案，据施锦华供："嘉庆四年（1799年）正月间，族人施锦明把小的荐到高奕贤家帮工，言定每年工钱十一千五百文，同坐共食，并无主仆名分。嘉庆五年仍在高奕贤家工作。六月二十六日小的向高奕贤支取工钱，他说小的本年已支过钱八千七百五十文，不肯再给。小的说止支钱七千八百五十文，两下争闹，小的就辞工回去，高奕贤把小的衣包扣留。到八月初六日，小的邀了施锦明同到高奕贤家算账，高奕贤仍说小的支过钱八千七百五十文。小的因被他将衣包扣住，也就认了，除去半年工钱尚欠钱三千文，讲明将衣包交与施锦明代收，等小的措钱取赎。初八日下午小的拿钱去赎衣包，施锦明说高奕贤还没拿来。小的就走到高奕贤家，据说已托施双林带去，小的不信，要他同去查问。高奕贤在前，小的随后走到施家浜地方，小的说他不该扣留衣包，高奕贤不服，两下争骂，都走到木桥上，高亦贤转身用右手打来，小的用手格着他胳肘，不料他身往后仰，站立不稳，跌落河内。"（《分省辑

刊》上册，第668页）

结　语

　　清代甘青宁地区相对地旷人稀，内地来此谋生者较多。到此的外省人主要是接壤的陕西、四川人，隔着陕西的山西人，以及湖南、湖北、河南人。清代陕西移入甘肃的7例，移出地分别是乾州直隶州、西安府（临潼县、渭南县）、同州府（大荔县、蒲城县、韩城县）、凤翔府凤翔县，这四个府州相连位于陕西中部人口密集区；移入地为西宁府（西宁县2例）、安西直隶州（敦煌县、玉门县）、平凉府隆德县、秦州直隶州徽县，秦州、平凉府与陕西接壤，安西州、西宁府则较远。四川移入甘肃的5例，移出地分别是四川忠州直隶州垫江、保宁府阆中县与巴州、顺庆府岳池县（2例），这三府州相连接均位于川东人口密集区，且保宁府与甘肃接壤；迁入地是甘肃阶州直隶州文县（3例）、秦州直隶州徽县、阶州白马关，阶州的事例较多或因与四川接壤。来到甘肃的山西人出自晋西南地区（平阳府、绛州），邻近陕西；迁入地为西宁府、凉州府。一般来说，到甘青宁地区的外省人多是邻近省份人口较为密集的地区。甘肃人也到外省谋生，有分别从巩昌府西河（和）

县、阶州、秦州直隶州秦安县来到陕西的汉中府沔县、略阳县、西乡县佣工、种地、贩羊者，有秦州直隶州清水县民到太原炭山佣工，有兰州府河州人到河南汝州直隶州宝丰县境煤窑帮工。陕西汉中是新农业开发区，晋豫的煤矿区吸引打工者，甘肃东部阶州、秦州接近内地，吸引了不少外省人来此，同时此地人也到外省谋生，形成人口的对流现象。

乾嘉时期经济繁荣，杭嘉湖地区商品经济发达，吸纳着外地到此的谋生者。湖州竹行（往南浔镇运货）、杭州茶店以及矸纸店的事例，福建人在杭州茶店打工，江苏人在湖州开设钉店，安徽人吴冠英与族侄孙吴绍南在乌镇工作，前者在油行内帮伙，后者开张米店。这些情况或许可以折射出杭州、湖州城市与乌镇、南浔镇工商业的繁华，不仅解决本地人的就业，也为外地人提供了谋生之道。浦江县小贩制作萝卜干到富阳县挑卖的事例，使人看到民众的辛劳。基层社会的百姓在生产、生活中发生矛盾。佣工者较为普遍，与主雇间的纠纷常因工钱产生，这是打工者难免之事。下层农民生活艰难，也通过兼业维持生计。农民愈加面临生活的挑战。

后　记

这本书虽是小册子，但作为我利用清朝刑科题本研究清代社会史的第一本专书，内心还是很重视的，因为该书也承载了我的学术人生！

1983 年，冯尔康老师率领南开大学历史系部分师生到中国第一历史档案馆实习，抄录嘉庆朝刑科题本土地债务类有关社会生活及身份地位的资料，研究生一年级的我也参与其中。拆开一包包宣纸包裹，翻阅一件件题本折件，尘封的清代普通人的社会经济生活出现在眼前，这是其他文献没有记载的历史，我被这些资料所吸引，回想起来，已是四十年前的事情了。

这批档案资料在南开大学中国社会史研究中心成立后得以整理出版，颇受学术界重视。我也在 2013 年发表了第一篇利用嘉庆朝刑科题本写成的论文，该文探讨河南社会的日常生活，此后又利用刑科题本研究地方社会职役。省域社会、地方职役这两个研究主题的工作至今在继续，竟也有十年之久。

特别是 2020 年 12 月 5 日，深圳图书馆举办"深圳学人·南书房夜话"第八季，特别邀请七位历史学者共同对话"人的历史，全球的历史"。活动由深圳大学历史系主任张小也主持，我就"人的历史"畅谈了自己的想法。在深圳这座主要由"打工人"构成的新移民城市，当晚深圳图书馆南书房的对话现场氛围里，小也教授的对话主题激活了我对研究普通人的想法，清代"打工人"成为我的新学术兴趣点，这些想法集中反映在本书的开篇当中。近三年来，我在持续探讨清代不同职业人群的生活，呈现普通人的众生百态。

　　促成本书还要感谢中国工人出版社的傅娉、宋杨两位编辑，她们得知我的"打工人"研究后，兴趣浓厚，多方鼓励！我想将介绍清代"打工人"的作品放在中国工人出版社出版，是再合适不过的事情了。

　　我在读大学之前，曾做过木工、车工，是"打工人"之一，对于工匠或工人职业的劳动与人际关系有过体验，我相信这种体验已经融入我对清代"打工人"人生世态的理解当中。从这个意义上来说，本书也记忆着作者的人生！

常建华

2024 年 1 月 5 日（小寒前一天）

图书在版编目（CIP）数据

众生百态：清代刑科题本里的"打工人" / 常建华著. —北京：
中国工人出版社，2024.6
（中国历史文化小丛书）
ISBN 978-7-5008-8379-1

Ⅰ.①众… Ⅱ.①常… Ⅲ.①刑事犯罪－案件－处理－研究－中国－清代
Ⅳ.①D924.02

中国国家版本馆CIP数据核字（2024）第096647号

众生百态：清代刑科题本里的"打工人"

出 版 人	董　宽	
责 任 编 辑	傅　娉	
责 任 校 对	张　彦	
责 任 印 制	黄　丽	
出 版 发 行	中国工人出版社	
地　　　址	北京市东城区鼓楼外大街45号　邮编：100120	
网　　　址	http://www.wp-china.com	
电　　　话	（010）62005043（总编室）	
	（010）62005039（印制管理中心）	
	（010）62379038（社科文艺分社）	
发 行 热 线	（010）82029051　62383056	
经　　　销	各地书店	
印　　　刷	三河市万龙印装有限公司	
开　　　本	787毫米×1092毫米　1/32	
印　　　张	7.5　　插　页　0.75	
字　　　数	126千字	
版　　　次	2024年7月第1版　2024年7月第1次印刷	
定　　　价	58.00元